(지도자용) 사귐편

시니어 예배 설교집

서영진 소장
(뽀빠이스쿨 사역연구소)

올리브출판사

시니어 예배 설교집 (사귐편)

2025년 2월 10일 초판 펴냄

지은이 / 서영진
디자인 / Albedo

펴낸이 / 구자영
펴낸곳 / 올리브출판사
등록번호 / 제 2023-000010호
이메일 / olivepub3@gmail.com

ISBN 979-11-982354-4-2

이 책의 독창적인 내용에 대한 무단전재, 모방은 법으로 금지되어 있습니다.

(지도자용) 사귐편

시니어 예배 설교집

서영진 소장
(뽀빠이스쿨 사역연구소)

올리브출판사

들어가는 말

　어르신, 노인, 실버 등 다양한 수식어로 불리던 것을 정리하여 '시니어 예배'라고 이름 붙여 보았습니다. 이전에는 나이 듦에 대해서 사회적 관심이 크지 않았는데 시대가 바뀌었습니다. 최근에는 액티브 시니어라고 표현하면서 노년의 시기를 좀 더 적극적이며 능동적으로 인식하자는 것이 큰 흐름입니다.

　최근 트렌드뿐만이 아니라 교계 안에서도 변화가 있습니다. 시니어들이 여전히 사역에 적극적으로 참여하면서 현장에서 주도적으로 섬긴다는 긍정적인 보고입니다. 이제는 교회의 시각이 방향을 제시하는 미래지향적 사역으로 바뀌어야 합니다.

　시대적 필요와 목회적 접근을 고민하면서 설교문을 작성했습니다. 특히 매 과마다 "**시니어 목회를 위합 팁**"을 제공하여 시니어 예배와 사역이 정착되는데 조금이나마 도움 되기를 기원합니다.

뽀빠이스쿨 이상애 대표님과 구자영 본부장님에게 언제나 배웁니다. 두 분의 동역과 따뜻한 응원으로 시니어공과와 설교집이 세상에 나올 수 있었습니다. 〈시니어 사역자 과정〉에 함께 했던 학우들의 열정과 질문으로 우리 사역이 다듬어져 갑니다. 죽음의 고비를 넘기셨던 용기 있는 아버지를 생각하며, 모든 시니어에게 깊은 경의와 감사의 마음을 전합니다.

작은 설교집을 통해 교회의 시니어 사역들이 더욱 풍성한 열매 맺기를 소망합니다. 모든 영광은 오직 하나님 아버지께만 돌립니다. Soli Deo Gloria.

서영진 소장

너는 센 머리 앞에서 일어서고 노인의 얼굴을 공경하며
네 하나님을 경외하라 나는 여호와이니라
레위기 19:32

목차

1과 새로운 이름 (창세기 17:5, 15) · 8

2과 이름을 부를 때 (창세기 2:19) · 13

3과 서로에게 천사되기 (히브리서 13:1-2) · · · · · · · · · · · · · · · · · 18

4과 우리 몸으로 영광을 (고린도전서 6:19-20) · · · · · · · · · · · · · · 23

5과 즐거운 길, 평강의 길 (잠언 3:16-17) · · · · · · · · · · · · · · · · · 28

6과 쉘 위 댄스 (사무엘하 6:14-15, 시편 30:11) · · · · · · · · · · · · · 33

7과 마음의 즐거움 (잠언 17:22) · 38

8과 서로 사랑하자 (요한일서 4:11-12) · · · · · · · · · · · · · · · · · · 43

9과 환난을 뒤집는 하나님 (고린도후서 1:3-4) · · · · · · · · · · · · · · 48

10과 한 알의 밀알 (요한복음 12:24-25) · · · · · · · · · · · · · · · · · · 53

11과 이기게 하시는 하나님(여호와 닛시) (출애굽기 17:11-13) · · · · · 58

12과 가장 큰 계명(이웃사랑) (마가복음 12:30-31) · · · · · · · · · · · 63

13과 마음을 다스리는 사람 (잠언 16:32) · · · · · · · · · · · · · · · · · 68

14과 가장 큰 사랑 (고린도전서 13:13) · · · · · · · · · · · · · · · · · · 73

15과 가족은 하나님의 선물 (시편 127:3-5) · · · · · · · · · · · · · · · · 78

16과 우리는 하나 (에베소서 4:2-3) · 83

17과 가족을 지키는 말 (에베소서 5:1-4) · · · · · · · · · · · · · · · · · 88

18과 서로 사랑하는 가정 (요한복음 15:9-12) ················· 93
19과 하나 되는 교회 (사도행전 2:44-47) ··················· 98
20과 온전한 사람 (에베소서 4:12-13) ····················· 103

** 특별주간 **

21과 (신년예배) 새 힘 얻으리 (이사야 40:31) ················ 109
22과 (나라사랑 삼일절) 죽으면 죽으리라 (에스더 4:16) ············ 114
23과 (어버이주일) 부모님을 사랑하라 (에베소서 6:1-4) ············ 119
24과 (나라사랑 현충일) 나라를 위해 기도하자 (디모데전서 2:1-2) ········ 124
25과 (종려주일 및 고난주간) 호산나 (시편 118:24-26) ············ 129
26과 (부활주일) 십자가 위의 약속 (누가복음 23:42-43) ············ 135

1과 새로운 이름

해설
하나님께서 아브라함과 사라에게 새로운 이름을 주셨습니다. 새로운 이름은 단순한 호칭 변경이 아닙니다. 하나님의 언약 백성으로 새로운 정체성과 사명을 부여하신 것입니다. 우리 역시 성도(聖徒)라는 새 이름에 걸맞는 삶을 살아야 합니다.

창세기 17:5, 15
5 이제 후로는 네 이름을 아브람이라 하지 아니하고 아브라함이라 하리니 이는 내가 너를 여러 민족의 아버지가 되게 함이니라
15 하나님이 또 아브라함에게 이르시되 네 아내 사래는 이름을 사래라 하지 말고 사라라 하라

설교개요
1. 새로운 이름
아브람은 '존귀한 아버지'에서 '열국의 아버지'인 아브라함으로, 사래는 '나의 공주'에서 '열국의 어머니'인 사라로 새로운 이름으로 주어졌습니다. 하나님의 주권적 선택으로 아브라함과 사라의 미래가 바뀌는 약속입니다. 새로운 이름은 하나님의 언약과 새로운 사명을 의미하며, 새로운 정체성을 부여하신 것입니다.

2. 하나님의 약속
하나님께서는 아브라함에게 큰 민족을 이루게 하시고, 그의 이름을 창대케 하시며, 땅의 모든 족속이 그로 말미암아 복을 받게 하시겠다는 구체적인 약속을 주셨습니다. 우리 눈에는 불가능해 보이는 상황이더라도 하나님께서는 반드시 약속을 이루어 가십니다. 우리에게 필요한 것은 끝까지 기다리며 인내하는 마음가짐입니다. 하나님은 우리 각자에게 특별한 목적과 계획을 가지고 계십니다.

3. 새로운 정체성

하나님께서 주신 새 정체성은 과거의 한계를 뛰어넘습니다. 과거에 얽매이지 않습니다. 하나님의 약속 안에는 새로운 가능성이 있습니다. 새로운 정체성은 새로운 가치관을 형성하며 우리로 더욱 성장하게 합니다. 나의 미래를 새롭게 그릴 수 있습니다.

적용

오늘 활동에서 '새로운 이름 짓기'를 합니다. 하나님께서 나에게 주시는 새로운 이름은 무엇일까요? 새로운 이름은 새로운 정체성을 담고 있습니다. 새로운 정체성을 담은 이름과 함께 새로운 미래를 그려볼 수 있습니다.

모임순서

환영	
찬송	283장 나 속죄함을 받은 후 266장 주의 피로 이룬 샘물
건강기도	(참석자들의 건강과 안녕을 기원합니다)
설교	새로운 이름 창세기 17:5, 15
축복기도	(교회 상황에 맞추어 주기도, 축도 등으로 바꾸시면 됩니다)
공과활동	1. 인사송 2. 코어체조 - 바른자세송 3. 인지도형동작 - 산토끼 4. 주제활동 - 닉네임 이름표 만들기 5. 끝인사

설교문

새로운 이름

창세기 17:5, 15

오늘은 "새로운 이름"이라는 제목으로 말씀을 나눕니다. 하나님께서 아브라함과 사라를 부르시고 그들에게 새로운 이름을 주셨습니다. 이것은 이름만 바꾸어 부르신 것이 아닙니다. 아브라함과 사라에게 새로운 정체성을 부여하신 것입니다. 즉, 하나님의 새로운 계획과 약속을 알리신 것입니다.

1. 새로운 이름: 하나님의 특별한 부르심

아브라함과 사라의 이름이 바뀐 것은 그저 호칭만 바뀐 것이 아닙니다. 아브람은 '존귀한 아버지'라는 의미이며, 아브라함은 '열국의 아버지'라는 뜻입니다. 아브라함의 영향력이 훨씬 커졌음을 알 수 있습니다. 사래 또한 '나의 공주'에서 '열국의 어머니'로 변했습니다. 새로운 이름은 하나님의 특별한 부르심과 약속을 반영하며, 아브라함과 사라의 삶이 하나님의 계획안에서 어떻게 성장 할 지를 예고한 것입니다.

2. 하나님의 약속: 새 이름 속에 담긴 하나님의 계획

하나님은 아브라함과 사라에게 새 이름을 주실 때 놀라운 약속을 함께 주셨습니다. 놀라운 약속은 자손을 많이 주신다는 정도가 아닙니다. 그 자손을 통해 큰 민족을 이루고, 하나님 나라의 계획을 이루어 가신다는 뜻입니다. 아브라함의 후손 중에 예수 그리스도가 나셨습니다.

아브라함과 다윗의 자손 예수 그리스도의 계보라 (마태복음 1:1)

우리 역시 하나님을 믿음으로 새로운 정체성과 사명을 가지게 되었습니다. 만약 하나님께서 나에게 새로운 이름을 주신다면 어떻게 부르실까요? 하나님은 우리를 통하여 이루실 큰 계획을 가지고 계십니다.

3. 새로운 정체성: 하나님의 약속에 따른 놀라운 변화

새로운 이름을 받은 아브라함과 사라는 그 이름에 걸맞은 삶을 살아야 합니다. 그것이 새로운 정체성이자 사명입니다. 아브라함과 사라는 믿음과 순종을 자신들의 삶에 채워 나갔습니다.

우리 역시 구원 받은 백성으로 하나님께서 주신 새로운 이름과 정체성에 맞게 살아야 합니다. 예수님을 믿는 우리는 모두 하나님 안에서 새로운 피조물이 되었고, 새로운 이름을 부여받은 자들입니다. 앞으로의 우리 삶을 통해 새로운 이름의 가치를 담을 수 있습니다.

그런즉 누구든지 그리스도 안에 있으면 새로운 피조물이라
이전 것은 지나갔으니 보라 새 것이 되었도다 (고린도후서 5:17)

적용

사랑하는 여러분, 하나님께서 우리에게 새로운 이름을 주셨습니다. 인생을 돌아보면 이전과는 다른 삶을 살고 있습니다. 하나님께서 주신 새로운 정체성을 깨닫고, 그 이름에 걸맞은 삶이 얼마나 소중한지 알게 됩니다. 혹 지나온 삶에서 하나님의 부르심을 잊고 살아오신 부분이 있다면, 회개할 수 있습니다. 지금부터라도 새로운 인생을 시작할 수 있습니다. 하나님께서 나에게 주신 사명을 마음에 새기고, 그분의 뜻을 따르는 삶을 살아가도록 노력해야겠습니다.

기도

하나님, 우리의 삶 속에서 새롭게 주신 이름을 기억하게 하옵소서. 새 이름에 걸맞은 삶을 살아갈 수 있도록 도와주옵소서. 우리 각자의 삶 속에서 하나님께서 주신 새 생명의 기쁨을 깨닫고, 그 기쁨을 다른 이들과 나눌 수 있는 삶이 되게 하옵소서. 예수님의 이름으로 기도드립니다. 아멘.

시니어 목회를 위한 팁

시니어 사역의 필요성

정년 이후의 시니어들은 신체 노화와 사회적 역할 변화로 여러 도전을 받습니다. 이러한 변화는 종종 고립감과 우울감을 동반하며, 신앙생활에도 큰 영향을 미칩니다. 적절한 영적 돌봄을 받지 못할 경우 신앙에 위기가 찾아옵니다. 이를 위해 개교회는 '시니어 사역'을 준비해야 합니다.

시니어를 위한 맞춤형 영적 돌봄이 필요합니다. 많은 교회와 시설들이 필요를 충족시키기 위해 프로그램을 개발 및 운영합니다. 영적 돌봄은 목회자와 몇 몇 성도들의 헌신만으로 이루어지지 않습니다. 영적 활력을 위해 가족, 친구, 지역 사회가 함께 참여해야 합니다.

미국 노년학회에서는 시니어들을 위한 맞춤형 영적 돌봄이 신앙회복, 정서안정, 삶의 질 향상에 큰 기여를 한다고 발표했습니다. 설교자나 영적 지도자는 시니어들이 여전히 하나님의 계획안에 있으며, 변화된 상황에서도 하나님의 돌보심이 계속됨을 확신시켜줄 필요가 있습니다. 이를 통해 시니어들은 믿음 속에서 위로와 힘을 얻게 됩니다. 시니어부서 및 돌봄 사역은 은퇴 및 갑작스레 변화된 상황에 시니어들이 적응하도록 돕습니다. 이러한 돌봄을 통해 삶의 의미와 목적을 재발견하게 합니다.

2과 이름을 부를 때

해설
하나님께서 아담을 통해 각각의 동물들에게 맞는 이름을 부르게 하셨습니다. 그 이름은 동물의 고유한 특성을 포함합니다. 이름을 짓는 것은 신적 권위의 표현입니다.

창세기 2:19
여호와 하나님이 흙으로 각종 들짐승과 공중의 각종 새를 지으시고 아담이 무엇이라고 부르나 보시려고 그것들을 그에게로 이끌어 가시니 아담이 각 생물을 부르는 것이 곧 그 이름이 되었더라

설교개요
1. 아담의 권위
아담이 동물들의 이름을 짓는 것은 하나님께서 맡기신 사역입니다. 이는 아담이 하나님의 대리자로서 세상에 대한 책임을 지고 있음을 의미합니다. 우리 역시 하나님께서 주신 역할과 책임을 감당하며 살아가야 합니다.

2. 정체성을 담은 이름
이름은 단순한 호칭이 아닙니다. 각 동물의 독특한 특성과 정체성을 담고 있습니다. 우리의 이름 또한 하나님께서 각자에게 부여한 특별한 성격과 목적을 반영합니다.

3. 서로의 이름을 부를 때
예수님 안에서 우리는 새로운 가족이 되었습니다. 복된 가정은 서로에게 큰 책임이 있습니다. 가족 구성원으로 서로의 이름을 부르며 축복할 수 있습니다.

적용

예수님께서 우리에게 주신 새 이름은 그리스도 안에서의 새로운 피조물임을 기억합시다. 우리는 하나님의 자녀로서 서로를 존중하며 축복 된 이름을 부를 수 있습니다.

모임순서

환영	
찬송	528장 예수가 우리를 부르는 소리 351장 믿는 사람들은 주의 군사니
건강기도	(참석자들의 건강과 안녕을 기원합니다)
설교	이름을 부를 때 창세기 2:19
축복기도	(교회 상황에 맞추어 주기도, 축도 등으로 바꾸시면 됩니다)
공과활동	1. 인사송 2. 코어체조 – 바른자세송 3. 인지도형동작 – 산토끼 4. 주제활동 – 아이엠그라운드 자기소개하기 5. 끝인사

설교문

이름을 부를 때
창세기 2:19

하나님께서는 아담에게 동물들의 이름을 짓게 하셨습니다. 이러한 행위를 통해 우리가 서로의 이름을 부를 때 어떤 의미가 있을까요? 말씀을 통해 우리의 삶과 관계 속에서 하나님께서 주신 이름의 권위와 책임, 그리고 정체성을 생각해 봅시다.

1. 아담의 권위

하나님께서 아담에게 동물들의 이름을 짓게 하신 것은 그에게 권위와 책임을 부여하신 것입니다. 아담이 각 동물에게 이름을 부여하는 순간, 그 이름은 그 동물의 정체성을 나타내고, 아담은 그 생물에 대한 책임을 지게 됩니다. 이름을 짓는다는 것은 단순한 호칭 이상의 의미를 가집니다. 부모님이 자녀를 낳을 때 어떻게 이름을 짓는지 생각해보세요. 나는 어떻게 자녀 이름을 지었지?

각자의 이름에 고유한 정체성과 삶의 방향이 담기게 됩니다. 여러분은 오랜 세월 동안 가정과 사회(교회)에서 중요한 역할을 감당해 오셨습니다. 여러분의 이름에는 그동안 살아온 지혜와 경험이 담겨 있습니다. 이제 인생의 후반부에서 하나님께서 주신 권위와 책임을 다시금 생각하며, 그 이름에 걸맞은 삶을 살아가야 하겠습니다.

2. 정체성을 담은 이름

아담이 동물의 이름을 지을 때 특성과 정체성을 담았다고 했습니다. 부모님 혹은 조부모님이 자녀의 이름을 지을 때도 마찬가지입니다. 매우 좋은 이름, 복 된 이름을 지으려고 오랫동안 고민합니다. 이는 하나님께서 우리 각자에게 주신 이름에도 마찬가지입니다. 내 이름은 하나님께서 나에게 부여하신 특별한 성격과 목적을 반영했다고 고백할 수 있습니다. 하나님 안에서 새로운 정체성을 부여받았고, 그 정체성에 따라 살아가야 합니다.

노년의 시기는 젊은 시절보다 더 깊이 있는 신앙과 삶의 철학을 가지게 됩니다. 단순한 이름과 호칭을 넘어서, 나에게 남겨진 정체성과 사명이 무엇인가요? 정체성을 바탕으로 이 세상에 하나님의 영광을 어떻게 드러낼 수 있을까요?

3. 서로의 이름을 부를 때

예수 그리스도 안에서 우리는 새로운 가족입니다. 서로의 이름을 부를 때, 그 이름에는 존중과 사랑이 담겨 있습니다. 예수님께서는 우리를 구원하시고 새로운 신분을 주셨습니다. 자신의 '형제라 부르시기를 부끄러워하지 아니하시고' 하나님의 가족으로 삼아주셨습니다.

거룩하게 하시는 이와 거룩하게 함을 입은 자들이 다 한 근원에서 난지라
그러므로 형제라 부르시기를 부끄러워하지 아니하시고 (히브리서 2:11)

이처럼 우리 역시 서로의 이름을 부를 때 하나님의 놀라운 사랑을 반영합니다. 노년기에는 사회적 고립과 외로움을 느낄 수 있습니다. 이때 교회 공동체에서 서로의 이름을 사랑으로 부르며, 존경과 존중을 한다면 큰 위로가 될 것입니다. 서로의 이름을 부를 때, 하나님의 복을 기원하며, 사랑을 나누고, 서로의 인격을 존중하며 격려하는 시간이 되시기를 기원합니다.

적용

사랑하는 여러분, 우리의 이름은 세상의 정체성이 아니라 하나님께서 주신 정체성과 사명을 가지고 있습니다. 서로의 이름을 부를 때, 그 안에 하나님의 사랑과 축복을 담아냅니다. 각자가 가진 독특한 정체성을 서로 존중합니다.

기도

하나님, 우리가 서로의 이름을 부를 때 존경과 사랑을 담을 수 있도록 도와주옵소서. 우리의 말에 능력이 있음을 깨닫고, 새 이름에 걸맞은 새 생명의 삶을 살아가도록 인도하여 주옵소서. 예수님의 이름으로 기도드립니다. 아멘.

시니어 목회를 위한 팁

시니어 목회의 중요성

노년기에는 신체적 쇠약과 사회적 역할 감소로 인해 심리적 불안과 우울감이 발생하기 쉽습니다. 이러한 삶의 변화는 시니어들의 정신 건강에 큰 영향을 미치며, 이에 따른 적절한 목회적 돌봄이 동시에 필요합니다.

목회자는 시니어들의 신체적, 정서적, 심리적 필요를 깊이 이해해야 합니다. 그들에게 안정감과 소속감을 제공할 수 있습니다. 특히 교회 활동에서 시니어들의 정체성과 삶의 경험을 존중해 주는 태도는 매우 중요합니다. 시니어들이 하나님 안에서 새로운 사명과 정체성을 발견할 수 있도록 도와야 합니다. 미국 노인학 연구에 따르면, 교회 공동체 내에서 시니어들이 서로를 존중하고, 사랑과 축복을 나누는 것이 우울감 감소에 효과적이라고 했습니다. 목회자는 시니어들이 이러한 관계를 꾸준히 형성하고 유지할 수 있도록 적극적으로 격려해야 합니다.

3과 서로에게 천사되기

해설
시니어 예배는 서로의 삶에 깊이 참여하고 이해하는 장(場)입니다. 우리 모임을 통해 서로를 더 잘 알아가고, 상호간의 배려와 섬김을 실천합시다. 형제사랑과 손님 대접을 잊지 말라고 권면합시다. 이로써 서로에게 천사처럼 섬길 수 있습니다.

히브리서 13:1-2
1 형제 사랑하기를 계속하고
2 손님 대접하기를 잊지 말라 이로써 부지중에 천사들을 대접한 이들이 있었느니라

설교개요

1. 형제 사랑을 계속하라(1)

형제 사랑하기를 계속하라는 권면은 시니어들에게 상호간의 지속적인 관심과 애정을 요구합니다. 이는 공동체 내에서 서로를 돌보고 지지하는 기반이 됩니다.

2. 손님 대접을 잊지 말라(2)

손님 대접하기를 잊지 말라는 말씀은 시니어들이 공동체 안과 밖에서 열린 마음과 환대하는 태도를 갖추어야 함을 강조합니다. 이러한 모습은 고립되는 현상을 탈피하고 좀 더 적극적인 삶의 모습을 갖게 합니다.

3. 부지중에 천사도 대접한다(2)

아브라함과 롯은 일상 속에서 손님 대접에 힘썼습니다. 그 와중에 예상치 못하게 천사를 대접합니다. 부지중에 하나님의 선하심을 경험합니다. 이들을 통해 우리가 하나님의 사랑을 어떻게 실천해야 하는지 도전을 줍니다.

적용

우리는 일상에서 어떻게 형제 사랑을 실천할 수 있을까요? 서로에게 관심을 갖고, 필요할 때 도움을 줌으로 서로의 역할에 충실하게 됩니다. 이번 주에 연락할 사람이 생각나시나요? 많은 사람을 환대한다면 자신뿐만 아니라 주변의 많은 시니어들에게도 삶의 소망을 줍니다.

모임순서

환영	
찬송	359장 천성을 향해 가는 성도들아 508장 우리가 지금은 나그네 되어도
건강기도	(참석자들의 건강과 안녕을 기원합니다)
설교	서로에게 천사되기 히브리서 13:1-2
축복기도	(교회 상황에 맞추어 주기도, 축도 등으로 바꾸시면 됩니다)
공과활동	1. 인사송 2. 코어체조 - 바른자세송 3. 신체균형동작 - 모나리자 4. 주제활동 - 응원봉 안마하기 5. 끝인사

설교문

서로에게 천사되기

히브리서 13:1-2

시니어 예배는 말씀만 듣고 기도만 하는 곳이 아닙니다. 서로의 삶에 깊이 참여하며 형제 사랑과 손님 대접을 실천하는 자리입니다. 우리 만남은 서로에게 축복입니다. 서로를 배려하고 섬기며, 주님의 사랑을 실천할 때, 우리 모두는 서로에게 천사 같은 존재가 됩니다.

1. 형제 사랑을 계속하라(1)

오늘 말씀은 형제 사랑을 계속하라고 권면합니다. 이는 우리의 삶에서 형제자매에 대한 지속적인 관심과 애정을 쏟으라는 명령입니다. 오랜 신앙생활을 통해 여러분은 사랑에 대한 진정한 의미를 깊이 깨달아 왔을 것입니다. 그러나 노년기에 접어들면서 사랑을 표현하는 상황과 횟수가 줄어들기도 합니다. 이런 상황일수록 서로를 돌보고 지지하며, 공동체 안에서 형제 자매를 사랑함을 꾸준히 실천해야 합니다. 서로에 대한 따뜻한 말 한 마디와 작은 배려가 다른 사람에게 큰 위로와 격려가 될 수 있습니다.

2. 손님 대접을 잊지 말라(2)

본문은 손님 대접을 잊지 말라고 말씀합니다. 서로의 마음을 열고, 공동체 안팎에서 환대하는 태도를 가지라는 뜻입니다. 노년기에는 자칫 고립되기 쉬운데, 손님을 환대하는 것은 삶에 활력을 불어넣고, 사람들과의 관계를 풍성하게 합니다. 교회 안에서뿐만 아니라, 이웃과 친구들에게도 열린 마음으로 다가가 환대할 수 있습니다. 환대를 통해 그리스도의 사랑을 실천할 수 있습니다. 이러한 손님 대접은 각자의 삶에 큰 기쁨과 만족을 가져다줍니다.

* 환대(歡待) 반갑게 맞아 정성껏 후하게 대접함

3. 부지중에 천사도 대접한다(2)

창세기 18장에는 아브라함이 천사를 만나고, 19장에는 롯이 천사들을 대접한 이야기가 나옵니다. 그들은 평소에 손님 대접을 기꺼이 하던 사람들이었습니다. 그 과정에서 예상치 못하게 천사들을 대접하는 축복을 얻었습니다. 이는 우리가 일상 속에서 어떻게 하나님의 사랑을 실천해야 하는지 알려줍니다.

성도들의 쓸 것을 공급하며 손 대접하기를 힘쓰라 (로마서 12:13)

여러분도 일상에서 작은 일들을 통해 하나님께서 주신 기회를 만납니다. 우리가 알지 못하는 사람을 대접함으로 하나님의 섭리 안에서 중요한 역할을 감당하게 됩니다. 우리 각 자의 작은 친절과 사랑이 다른 이들에게 힘을 줄 뿐만 아니라 하나님의 은혜와 축복을 받는 통로가 됩니다.

적용

사랑하는 시니어 여러분, 우리의 일상에서 형제 사랑을 어떻게 실천할 수 있을까요? 먼저 서로에게 관심을 기울이고, 필요할 때 도움을 주며, 교회와 가정에서 서로를 응원하는 역할을 이번 주에 꼭 해보십시오.
손님을 환대하는 마음을 가지고, 열린 마음으로 이웃과 친구들에게 다가가십시오. 이렇게 할 때, 우리는 서로에게 천사와 같은 존재가 될 수 있으며, 우리의 삶이 하나님의 사랑으로 더욱 풍성해질 것입니다.

기도

하나님, 우리가 서로 사랑하게 하옵소서. 일상 속에서 형제자매를 돌보고, 예상치 못한 손님이나 이웃을 대할 때에도 천사를 대접하듯 섬기게 하옵소서. 우리의 삶 속에서 서로에게 천사가 되어, 그리스도의 사랑을 전할 수 있는 은혜를 주시옵소서. 예수님의 이름으로 기도드립니다. 아멘.

시니어 목회를 위한 팁

시니어 부서의 필요성

노년기는 사회적 관계의 변화와 친구, 배우자의 사별, 자녀들의 독립 등으로 인해 사회적 고립을 경험하기 쉬운 시기입니다. 이러한 고립은 외로움과 우울감을 유발하며, 심지어 신체적 건강에도 부정적인 영향을 미칩니다. 미국 노인학회 보고서에 따르면, 사회적 고립은 시니어들의 심혈관 질환과 치매 위험을 증가시키는 요인으로 작용합니다.

교회는 시니어들이 소속감을 느끼고 사회적 고립에서 벗어날 수 있도록 적극적으로 지원해야 합니다. 교육부서와 같이 시니어 부서를 만들어 활동할 수 있도록 하고, 소그룹 활동이나 봉사 활동 참여를 독려하여 시니어들이 교회 공동체 내에서 의미 있는 역할을 지속하도록 돕습니다. 부서 활동을 통해 시니어들은 공동체의 일원으로서 중요한 역할을 하고 있음을 느끼며, 유대감을 강화할 수 있습니다.

4과 우리 몸으로 영광을

해설

노년의 삶에서도 여전히, 우리의 몸이 하나님께서 주신 성령의 전이라고 생각해야 합니다. 우리 몸은 단순한 육체가 아닙니다. 하나님께 영광을 돌릴 수 있는 몸입니다. 시니어가 되어서도 몸과 정신을 건강하게 관리하는 것은 중요한 신앙적 실천입니다.

고린도전서 6:19-20

19 너희 몸은 너희가 하나님께로부터 받은 바 너희 가운데 계신 성령의 전인 줄을 알지 못하느냐 너희는 너희 자신의 것이 아니라
20 값으로 산 것이 되었으니 그런즉 너희 몸으로 하나님께 영광을 돌리라

설교개요

1. 성령의 전인 우리 몸(19)

우리 몸이 성령의 전임을 기억하는 것은, 우리가 하나님의 소유임을 인식하는 데 중요합니다. 이는 우리 삶의 모든 측면에서 거룩함을 유지하려는 의지를 강화시킵니다.

2. 값으로 산 우리(20)

우리가 값으로 산 것이 되었다는 것은 예수님의 희생을 통해 우리가 구원받았음을 상기시킵니다. 또한 우리 몸을 소중히 여기고 존중하는 행동으로 이어져야 합니다.

3. 하나님께 영광 돌리기(20)

우리 몸으로 하나님께 영광을 돌리는 것은 일상에서 건강한 생활 습관을 유지하고, 긍정적인 관계를 구축하며, 영적인 훈련을 지속함으로써 실천합니다.

적용

일상에서 어떻게 몸으로 하나님께 영광을 돌릴 수 있을까요? 건강한 식습관, 적절한 운동, 정기적인 건강 검진을 통해 우리 몸을 관리할 수 있습니다. 우리의 말과 행동 속에 하나님의 사랑을 전달하며 주위 사람들에게 영향을 미칠 수 있습니다.

모임순서

환영	
찬송	425장 주님의 뜻을 이루소서 438장 내 영혼이 은총입어
건강기도	(참석자들의 건강과 안녕을 기원합니다)
설교	우리 몸으로 영광을 고린도전서 6:19-20
축복기도	(교회 상황에 맞추어 주기도, 축도 등으로 바꾸시면 됩니다)
공과활동	1. 인사송 2. 코어체조 - 바른자세송 3. 신체균형동작 - 네글자단어 4. 주제활동 - 몸으로 찬양하기 5. 끝인사

설교문

우리 몸으로 영광을

고린도전서 6:19-20

우리의 몸으로 하나님께 영광을 어떻게 돌릴 수 있을까요? 우리 몸은 그저 살과 뼈만 있는 육체가 아닙니다. 하나님께서 우리에게 맡기신 몸이며, 성령이 거하시는 성전임을 반드시 기억해야 합니다. 특히 우리 시니어 성도님들에게 우리 몸을 어떻게 관리하고 보호해야 하는지 실천이 중요합니다.

1. 성령의 전인 우리 몸(19)

우리 몸이 '성령의 전'임을 기억해야 하는 것은 삶의 모든 측면에서 거룩함을 유지하라는 명령입니다. 하나님께서 우리 각자에게 성령을 보내셔서 우리가 거룩한 삶을 살 수 있도록 도우십니다. 나이가 들수록 몸을 소중히 여기고 잘 관리하는 것은, 성령님의 거하시는 장소이자 그 사실을 인정하는 것입니다. 건강을 관리하는 것도 신앙의 아주 중요한 부분입니다.

너희는 너희가 하나님의 성전인 것과 하나님의 성령이 너희 안에 계시는 것을 알지 못하느냐
(고린도전서 3:16)

2. 값으로 산 우리(20)

우리를 값으로 산 것이 되었다는 것은 내 생명이 하나님의 사랑과 그리스도의 놀라운 희생의 결과입니다. 예수님께서 하나님의 영광을 위해 이 땅에 오셔서 십자가에 달려 돌아가셨습니다. 우리 또한 예수님을 따라 하나님의 영광을 위해 우리 몸을 드려야 합니다. 매일의 삶에서 거룩함을 이루어 가는 것입니다. 이웃과의 관계에서 예수님의 사랑을 적용할 수 있습니다. 내 삶의 값어치는 예수 그리스도의 값어치이어야 합니다.

15 오직 너희를 부르신 거룩한 이처럼 너희도 모든 행실에 거룩한 자가 되라
16 기록되었으되 내가 거룩하니 너희도 거룩할지어다 하셨느니라
(베드로전서 1:15-16)

3. 하나님께 영광 돌리기(20)

하나님께 영광을 돌리는 것은 무수히 많은 방법이 있습니다. 우리의 일상 속에서 건강한 생활 습관을 유지하는 것도 그 중에 하나라고 할 수 있습니다. 이를 위해, 정기적으로 걷기 운동을 하고, 영양가 있는 식사를 섭취하며, 주기적인 건강 검진을 할 수 있습니다. 시니어에게 몸을 살피는 것은 단지 자기 건강만 지키는 것이 아니라 신앙을 유지하는 중요한 수단이라고 할 수 있습니다. 우리의 말과 행동으로 주변 사람들에게 하나님의 사랑을 전하는 것도 몸으로 하나님께 영광을 돌리는 방법 중 하나입니다.

그러므로 형제들아 내가 하나님의 모든 자비하심으로 너희를 권하노니 너희 몸을 하나님이 기뻐하시는 거룩한 산 제물로 드리라 이는 너희가 드릴 영적 예배니라
(로마서 12:1)

적용

사랑하는 성도 여러분, 우리의 몸을 통해 하나님께 영광을 돌리는 삶은 매일매일 선택에서 시작됩니다. 아침마다 일어나서 각자의 건강을 적극적으로 관리하겠다고 다짐해야 합니다. 내 가족과 이웃과의 관계에서 긍정적이고 건강한 영향력을 끼칠 수 있도록 입술을 지켜야 합니다. 공동체 안에서 믿음의 교제를 통해 서로를 격려하고, 지지하며, 우리 각자가 받은 하나님의 사랑과 은혜를 전할도록 노력해야 합니다.

기도

하나님 아버지, 우리의 몸과 마음이 성령의 전임을 항상 기억하게 하옵소서. 우리가 받은 구원이 얼마나 귀한 것인지 감사하게 하옵소서. 생활 속에서 건강하고 거룩한 삶을 유지할 수 있도록 힘과 지혜를 부어주옵소서. 저희의 모든 행동이 주님께 영광 돌리는 증거가 되게 하옵소서. 예수 그리스도의 이름으로 기도드립니다. 아멘.

시니어 목회를 위한 팁

시니어 부서에서 신체활동의 중요성

규칙적인 신체활동은 시니어들의 신체적 건강뿐만 아니라 정신적 건강에도 긍정적인 영향을 미칩니다. 신체활동은 시니어들의 심혈관 건강을 개선하고, 우울증과 불안을 줄이며, 전반적인 삶의 만족도를 높이는 데 도움을 줍니다. 미국 노인학회는 규칙적인 운동이 시니어들의 인지 기능 유지와 사회적 고립 예방에도 효과적이라고 강조합니다.

시니어 부서는 정기적인 운동 프로그램과 건강관리 교육 등을 통해 시니어들을 지원할 수 있습니다. 이러한 프로그램은 시니어들이 신체적으로 활력을 유지하고 영적으로도 건강한 삶을 이어가는 데 필수적입니다.

5과 즐거운 길, 평강의 길

해설
잠언에서 우리에게 알려주는 즐거움과 평강은 오직 하나님을 따르는 삶에서 시작합니다. 하나님을 따를 때에 우리에게 주어지는 선물은 '장수와 부귀'입니다.

잠언 3:16-17
16 그의 오른손에는 장수가 있고 그의 왼손에는 부귀가 있나니
17 그 길은 즐거운 길이요 그의 지름길은 다 평강이니라

설교개요

1. 장수와 부귀의 약속(16)
하나님을 따르는 자들에게 주어지는 특별한 축복인 장수와 부귀는 세속적인 가치가 아닙니다. 하나님과 함께하는 풍요로운 삶을 의미합니다. 이 약속은 하나님을 신뢰하고 그분의 지혜를 따르는 자에게 주어지는 영원한 기쁨과 평강입니다.

2. 즐거운 길, 평강의 지름길(17)
하나님께서 주시는 길은 세상의 평안과 달리 영원하고 진정한 평강으로 가득한 길입니다. 노년의 도전과 변화를 겪는 중에도, 하나님의 지혜 안에서 우리는 매일 풍성한 평안을 경험할 수 있습니다.

3. 참된 만족
하나님 안에서 얻는 참된 만족은 세상이 줄 수 없는 영적 풍요와 마음의 평강입니다. 그리스도 안에서만 경험할 수 있는 이 만족은 우리의 영혼을 채우고, 진리를 전하는 삶으로 이끕니다.

적용

우리는 매일 아침마다 복된 삶을 살아 갈 수 있습니다. 하나님의 지혜와 평강을 따르겠다고 다짐해야 합니다. 풍성한 삶의 대한 약속은 나 자신뿐만이 아니라 이웃들에게도 나눌 수 있습니다.

모임순서

환영	
찬송	84장 온 세상이 캄캄하여서 516장 옳은 길 따르라 의의 길을
건강기도	(참석자들의 건강과 안녕을 기원합니다)
설교	즐거운 길, 평강의 길 잠언 3:16-17
축복기도	(교회 상황에 맞추어 주기도, 축도 등으로 바꾸시면 됩니다)
공과활동	1. 인사송 2. 코어체조 – 다함께 웃어봐요 3. 인지도형동작 – 자전거 4. 주제활동 – 목장길따라 5. 끝인사

설교문

즐거운 길, 평강의 길
잠언 3:16-17

사랑하는 성도 여러분. 하나님께서 우리에게 '즐거움과 평강의 길'을 주시겠다고 약속하셨습니다. 하나님을 따르는 삶은 어떤 삶일까요? 영적인 충만함과 함께 장수와 부귀도 약속하십니다. 이 말씀이 실제로 우리 삶에 어떻게 적용할 수 있는지 함께 생각해 보겠습니다.

1. 장수와 부귀의 약속(16)
잠언은 하나님을 따르는 자들에게 특별한 축복을 약속합니다. "오른손에는 장수, 왼손에는 부귀"를 주신다고 선언합니다. 장수는 그저 오래 사는 것만이 아니라, 풍요롭고 행복한 삶을 포함합니다. 믿음 안에서의 장수는 하나님의 놀라운 섭리 안에서 하루하루를 하나님과 함께한다는 은혜의 시간입니다. 또한, 부귀는 세속적인 재물만을 뜻하지 않습니다. 하나님이 주시는 부귀는 믿음과 사랑으로 채워진 풍요로움이며, 그리스도 안에서 찾을 수 있는 참된 기쁨입니다. 하나님을 신뢰하고 지혜를 따른다면, 우리는 이 땅에서 뿐만 아니라 영원한 천국에서도 하나님이 약속하신 축복을 누리게 될 것입니다. 노년의 시기에 이 약속을 더욱 간절하게 붙잡아야 합니다.

네가 들어와도 복을 받고 나가도 복을 받을 것이니라 (신명기 28:6)

2. 즐거운 길, 평강의 지름길(17)
하나님께서 주시는 길은 세상의 길과는 다릅니다. 세상이 주는 기쁨과 평강은 일시적이지만, 하나님의 길은 언제나 즐겁고 평강의 길입니다. 하나님을 따르는 삶에 어려움과 고난이 전혀 없다는 것이 아닙니다. 그럼에도 하나님 안에서 놀라운 평강과 즐거움이 가득할 수 있다는 뜻입니다.

노년기에는 육체적으로나 정신적으로 많은 변화와 도전을 겪습니다. 하지만 하나님의 지혜를 따라 사는 삶은 이러한 도전들 속에서도 평강을 유지할 수 있습니다.

매일의 삶에서 하나님의 말씀을 묵상하며 그분의 길을 따라 걸어가야 합니다. 비록 세상의 어려움이 우리를 에워싸더라도 마음 깊은 곳에서 나오는 평안을 경험할 수 있습니다. 이 평안은 하나님께서 주시는 것이며 신앙생활의 가장 큰 축복 중 하나입니다.

너희는 여호와를 영원히 신뢰하라 주 여호와는 영원한 반석이심이로다

(이사야 26:4)

3. 참된 만족

하나님을 따르는 자들은 세상이 줄 수 없는 만족을 누립니다. 세상의 부귀와 비교할 수 없는 하나님만이 주실 수 있는 참된 만족과 평강을 선물로 주십니다. 물질적 부유함이 일시적인 기쁨을 줄 수 있지만, 영원한 만족을 주지는 못합니다. 하나님께서 주시는 참된 부귀는, 그분의 지혜를 따라 살 때 얻는 내적 만족과 영적 평강입니다.

시니어 성도님들께서는 인생의 많은 경험을 가지셨기에 참된 진리에 더 목마를 것입니다. 이제는 하나님 안에서 목마름을 해결하실 수 있습니다. 주님 안에서 참된 부와 장수를 누릴 수 있습니다. 하늘의 부와 영원한 삶은 오직 그리스도를 믿을 때 얻게 됩니다. 이 진리, 그리스도의 빛을 전하는 삶을 살아야 할 때입니다. 진정한 만족과 평강은 하나님의 길을 따라갈 때 우리 마음 속에 깊이 자리 잡을 수 있습니다.

주께서 생명의 길을 내게 보이시리니 주의 앞에는 충만한 기쁨이 있고
주의 오른쪽에는 영원한 즐거움이 있나이다

(시편 16:11)

적용

사랑하는 시니어 여러분, 매일의 삶 속에서 하나님의 지혜를 따라간다면 즐거운 길과 평강의 길이 꾸준히 이어집니다. 하나님께서 주신 장수와 부귀가 내 것이 됩니다. 그 길에서 얻게 되는 진정한 만족과 평안에 감사합시다. 아침마다 눈을 뜨며 복된 은혜의 길을 선택할 수 있습니다. 그분의 평강 속에 거하며 다른 이들과 감사를 나눌 수 있습니다.

기도

하나님, 우리가 주님의 지혜를 따라 즐거움과 평강이 넘치는 삶을 살아가게 하옵소서. 그 길에서 주신 장수와 부귀를 감사히 여기며 살게 하옵소서. 우리의 매일의 선택 속에서 하나님께 영광을 돌리며, 참된 만족과 평강을 누리게 하옵소서. 예수 그리스도의 이름으로 기도드립니다. 아멘.

시니어 목회를 위한 팁

시니어들의 특징 _ (1) 기억과 회상의 중요성

노년기에 접어든 시니어들은 과거의 기억과 회상을 통해 삶의 의미를 찾는 경향이 있습니다. 이러한 회상은 시니어들의 정서적 안정과 자아 존중감 향상에 중요한 역할을 합니다. 노인학회는 회상이 시니어들의 삶에 대한 긍정적 재평가를 돕고, 우울증을 예방하는 데 효과적이라고 강조합니다.

목회자는 시니어들의 지난 삶의 이야기를 경청하고, 이를 신앙과 연결하여 재해석하는 기회를 제공할 필요가 있습니다. 이를 통해 시니어들은 자신의 인생이 여전히 가치 있고, 하나님의 섭리 속에 있음을 깊이 느낄 수 있습니다. 이러한 접근은 시니어들의 안정된 삶을 강화하고, 신앙생활의 만족도를 높이는 데 기여합니다.

6과 쉘 위 댄스

해설
여호와의 궤를 예루살렘으로 옮길 때에 다윗은 매우 기뻐합니다. 하나님을 향한 다윗의 마음이 춤으로 나타났습니다. 하나님을 기뻐하는 삶이 우리 삶에서도 나타나도록 온 몸을 사용해 영광을 돌립시다.

사무엘하 6:14-15
14 다윗이 여호와 앞에서 힘을 다하여 춤을 추는데 그 때에 다윗이 베 에봇을 입었더라
15 다윗과 온 이스라엘 족속이 즐거이 환호하며 나팔을 불고 여호와의 궤를 메어 오니라

시편 30:11
주께서 나의 슬픔이 변하여 내게 춤이 되게 하시며 나의 베옷을 벗기고 기쁨으로 띠 띠우셨나이다

설교개요

1. 하나님 앞에서의 춤추는 다윗(14)
다윗이 여호와 앞에서 춤추며 찬양을 했습니다. 춤을 감정적인 표현으로만 다룬 것이 아니라 신앙생활에서 감사와 기쁨의 표현이 될 수 있음을 나타냅니다. 다윗은 춤을 통해 하나님께 경배와 찬양을 돌렸습니다.

2. 즐거워하는 이스라엘 백성들(15)
다윗뿐만 아니라 이스라엘 백성들도 기쁨에 동참했습니다. 하나님의 사랑과 은혜에 대한 감사를 환호했습니다. 하나님을 향한 기쁨과 감사의 표현은 매우 다양합니다.

3. 슬픔에서 기쁨으로(시 30:11)
다윗의 시는 하나님을 향한 믿음을 고백합니다. 하나님께서 우리의 슬픔을 기쁨

으로 바꾸어 주십니다. 삶이 어려운 순간에도 은혜 안에서 기쁨을 회복할 수 있습니다.

적용

우리는 다윗처럼 다양하고 자유롭게 하나님을 예배할 수 있습니다. 그 분의 사랑과 은혜에 감사하는 것을 단지 마음뿐만 아니라 온 몸을 사용해서 찬양합시다.

모임순서

환영	
찬송	140장 왕 되신 우리 주께 100장 미리암과 여인들이
건강기도	(참석자들의 건강과 안녕을 기원합니다)
설교	쉘 위 댄스 Shall we dance? 사무엘하 6:14-15 / 시편 30:11
축복기도	(교회 상황에 맞추어 주기도, 축도 등으로 바꾸시면 됩니다)
공과활동	1. 인사송 2. 웃음발성 – 다함께 웃어봐요 3. 인지도형동작 – 자전거 4. 주제활동 – 밀과 보리가 자라네 5. 끝인사

설교문

쉘 위 댄스 Shall we dance?

사무엘하 6:14-15, 시편 30:11

사랑하는 여러분, 다윗이 하나님 앞에서 기쁨과 자유를 표현했던 '춤'에 대해서 알아보겠습니다. 다윗이 여호와의 궤를 예루살렘으로 옮길 때 온 마음을 다해 춤을 추며 기뻐했던 것처럼 다양한 모습으로 기쁨을 표현할 수 있습니다. 특히 시니어 때에 기쁨을 표현하는 것이 얼마나 중요한지 생각해보는 시간이 되기를 바랍니다.

1. 하나님 앞에서의 춤추는 다윗(14)

다윗은 궤가 예루살렘으로 돌아올 때, 하나님 앞에서 힘을 다해 춤을 추며 찬양했습니다. 이 모습은 다윗이 단지 감정적으로만 신나서 추는 것이 아닙니다. 다윗의 춤은 하나님에 대한 깊은 감사와 경외의 표현이었습니다. 이스라엘에서 춤은 기쁨과 축제의 상징이었으며, 하나님의 임재를 마음껏 누리는 모습입니다.

춤 추며 그의 이름을 찬양하며 소고와 수금으로 그를 찬양할지어다 (시편 149:3)
소고 치며 춤 추어 찬양하며 현악과 통소로 찬양할지어다 (시편 150:4)

우리 시니어들도 신앙생활 속에서 하나님을 기뻐하는 모습을 다양하게 표현할 수 있습니다. 나이가 들면 몸이 예전 같지 않고, 때로는 몸으로 표현 하는 것이 어색하기도 합니다. 그러나 중요한 것은 몸짓의 모습, 크기, 형태가 아니라 하나님을 향한 기쁨과 감사의 마음입니다.

2. 즐거워하는 이스라엘 백성들(15)

이스라엘 백성들도 다윗과 함께 하나님 앞에서 즐거이 환호했습니다. 하나님 앞에서 환호하며 나팔을 부는 것은 하나님의 은혜와 사랑을 기억하며 감사함을 표현한 것입니다. 다윗처럼 춤을 출 수도 있으며, 노래를 부르거나 악기를 연주할 수도 있습니다. 기쁨의 표현은 다양합니다. 중요한 것은 그 표현들이 우리 마음으로부터 우러나오는 것입니다.

시간이 흐르면서 우리는 하나님뿐만 아니라 주변 사람들에게까지 감사를 표현하는 것이 줄어들기도 합니다. 오늘 말씀을 통해 다양하고 반복적으로 감사와 사랑을 표현해야 함을 배우게 됩니다. 하나님께서 주시는 기쁨을 누리고 그 기쁨을 이웃들과 나누는 것이 신앙을 더욱 든든히 세웁니다.

3. 슬픔에서 기쁨으로(시 30:11)

다윗은 "주께서 나의 슬픔이 변하여 내게 춤이 되게 하셨다"고 고백합니다. 이 구절은 하나님께서 우리의 슬픔을 기쁨으로 바꾸어 주시는 놀라운 분임을 강조합니다. 삶에서 어려움과 슬픔이 종종 찾아오지만 하나님의 은혜는 그 고통을 기쁨으로 바꾸어 주시는 분입니다.

노년에는 육체적, 정서적 고통과 상실감을 경험할 수 있습니다. 그러나 하나님께서는 그러한 슬픔 속에서도 기쁨을 주시고, 그 기쁨을 통해 삶의 새로운 의미를 발견하게 하십니다. 이 기쁨은 우리가 외부에서 얻는 것이 아니라 하나님과의 깊은 관계 속에서 나옵니다. 우리 기쁨의 근원은 언제나 하나님이십니다.

무릇 시온에서 슬퍼하는 자에게 화관을 주어 그 재를 대신하며 기쁨의 기름으로 그 슬픔을 대신하며 찬송의 옷으로 그 근심을 대신하시고 그들이 의의 나무 곧 여호와께서 심으신 그 영광을 나타낼 자라 일컬음을 받게 하려 하심이라

(이사야 61:3)

적용

사랑하는 성도 여러분, 우리는 하나님께 자유롭고 마음껏 기쁨을 표현할 수 있습니다. 주께서 베푸신 사랑과 은혜에 감사해야 합니다. 어떻게 이러한 기쁨과 감사를 표현할 수 있을까요? 하나님께 감사를 표현하는 다양한 방법을 시도해 볼 수 있습니다. 춤, 노래, 악기, 율동 등 몸과 마음을 다해 기쁘게 감사를 드릴 수 있습니다.

기도

하나님, 우리 삶에서 슬픔을 기쁨으로 변화시켜 주옵소서. 우리 마음에 참된 기쁨과 자유를 주셔서, 오직 주님만 경배하게 하옵소서. 다윗처럼 기쁨으로 주님께 나아가며, 그 기쁨을 다른 사람들과 나누게 하옵소서. 예수 그리스도의 이름으로 기도드립니다. 아멘.

시니어 목회를 위한 팁

시니어들의 특징 _ (2) 사회적 역할의 재정의

시니어들은 은퇴 후 사회적 역할 상실로 인해 자존감 저하와 정체성 혼란을 경험합니다. 이를 방지하기 위해 사전에 자원봉사와 멘토링 프로그램에 참여할 수 있습니다. 시니어들의 다양한 활동은 사회적 역할을 재정의하고 삶의 의미를 찾는 데 큰 도움을 줍니다. 하버드 대학의 연구에 따르면, 시니어들이 자원봉사 활동을 통해 자존감을 회복하고, 사회적 유대감을 강화할 수 있다고 보고했습니다.

교회는 시니어들의 풍부한 경험과 지혜를 활용할 수 있는 프로그램 혹은 장(場)을 만들 수 있습니다. 시니어들이 새로운 역할을 발견하고, 교회와 사회에서 여전히 중요한 사람임을 인식하도록 돕습니다. 이 과정은 시니어들의 자아 존중감 유지와 활기찬 노년을 보내는 데 큰 도움이 됩니다.

7과 마음의 즐거움

해설
하나님을 아는 것이 성도의 가장 큰 기쁨과 즐거움이 되어야 합니다. 그러나 우리의 삶에는 여전히 여러 문제와 근심이 찾아오곤 합니다. 이러한 근심을 이겨낼 수 있는 영적인 힘이 말씀에 있습니다.

잠언 17:22
마음의 즐거움은 양약이라도 심령의 근심은 뼈를 마르게 하느니라

설교개요

1. 마음의 즐거움
마음의 즐거움은 우리 삶에 큰 영향을 줍니다. 하나님께서 주신 즐거움은 우리의 신체적, 정신적 건강을 지탱해 줍니다. 마음의 즐거움은 삶의 원동력이며, 어떠한 어려움 속에서도 하나님을 의지하며 신뢰하게 합니다.

2. 심령의 근심
심령의 근심이 신체적, 정신적 건강에 부정적인 영향을 미친다고 경고합니다. 특히 시니어들에게 근심의 결과는 더욱 크게 다가옵니다. 건강 문제, 경제적 불안, 가족과의 관계 등 다양한 요인들이 근심을 가중시킵니다. 근심은 영혼뿐만 아니라 신체도 쇠약하게 만듭니다.

3. 영적 기쁨의 회복
영적인 기쁨은 기도와 말씀을 통해 회복할 수 있습니다. 혼자만의 노력으로 기쁨이 회복되는 것은 어렵습니다. 공동체 내에서 서로 격려하며 함께 찾을 수 있습니다. 기도와 나눔을 통해, 더 깊은 영적 평안과 기쁨을 회복할 수 있습니다.

적용

개인적으로 마음의 즐거움을 회복합시다. 시니어 부서를 통해 서로를 격려하며 건강한 믿음의 공동체를 만들 수 있습니다. 기도 제목을 나누고 기쁨 속에서 서로를 위해 기도합시다.

모임순서

환영	
찬송	370장 주 안에 있는 나에게 400장 험한 시험 물속에서
건강기도	(참석자들의 건강과 안녕을 기원합니다)
설교	마음의 즐거움 잠언 17:22
축복기도	(교회 상황에 맞추어 주기도, 축도 등으로 바꾸시면 됩니다)
공과활동	1. 인사송 2. 웃음발성 – 다함께 웃어봐요 3. 신체균형동작 – 일이삼사 4. 주제활동 – 나는 행복합니다 5. 끝인사

설교문

마음의 즐거움
잠언 17:22

살다보면 걱정과 근심이 우리 마음을 무겁게 누를 때가 있습니다. 마음의 짐이 쌓이면 몸과 마음까지 쉽게 지쳐갑니다. 이럴 때 필요한 것이 마음의 즐거움입니다. 우리에게 진정한 즐거움과 평안을 주시는 분은 오직 하나님 한 분입니다. 그분을 알아가는 것이 우리에게 가장 큰 기쁨이자 힘입니다. 말씀을 통해 마음의 즐거움을 회복하는 길을 함께 찾아보겠습니다.

1. 마음의 즐거움

'마음의 즐거움'은 우리의 정신적, 육체적 건강에 큰 영향을 미칩니다. 특히 시니어들은 이 말씀이 어떤 의미인지 더 잘 아실 것이라 생각됩니다. 기쁨이 가득한 마음은 우리의 신체 건강을 지키는 데도 중요한 역할을 합니다.

하나님께서 주시는 기쁨은 신앙생활뿐만 아니라 일상에서도 매우 중요합니다. 삶의 안정으로 인해 평안과 건강을 유지할 수 있습니다. 하나님의 놀라운 은혜는 우리 마음속에 참된 기쁨이 자리 잡게 되고, 삶 전체가 긍정적으로 바뀌게 됩니다.

주께서 생명의 길을 내게 보이시리니 주의 앞에는 충만한 기쁨이 있고
주의 오른쪽에는 영원한 즐거움이 있나이다   (시편 16:11)

2. 심령의 근심

하지만 성경은 심령의 근심이 뼈를 마르게 한다고도 경고합니다. 근심과 스트레스는 우리의 신체적, 정신적 건강에 부정적 영향을 미칩니다. 노년에 이러한 근심과 걱정은 젊을 때보다 더욱 무겁게 다가옵니다. 건강 문제, 경제적 두려움, 가족과의 관계 등 많은 요인들이 더 근심하게 만들 수 있습니다. 그러나 하나님께서는 우리가 근심에 빠져 있는 것이 아니라 이겨낼 수 있도록 도우십니다.

6 아무 것도 염려하지 말고 다만 모든 일에 기도와 간구로, 너희 구할 것을
　감사함으로 하나님께 아뢰라

7 그리하면 모든 지각에 뛰어난 하나님의 평강이 그리스도 예수 안에서
  너희 마음과 생각을 지키시리라 (빌립보서 4:6-7)

우리의 걱정과 근심을 하나님께 맡기고 기도할 때 평강을 주십니다. 기도는 종교적 행위로 그치지 않습니다. 우리의 심령을 새롭게 하고, 하나님의 평안을 누리게 하는 중요한 도구입니다. 근심 속에서 하나님을 의지하고자 기도할 때 반드시 응답해주십니다.

3. 영적 기쁨의 회복

우리의 영적 기쁨을 회복하기 위해서는 기도와 말씀으로부터 시작해야 합니다. 말씀 묵상과 기도를 통해 하나님과 깊은 교제를 나눕니다. 이로써 영적 기쁨을 공급받게 됩니다.

또한 공동체에서 지체들과의 관계가 주는 기쁨과 지지 역시 매우 중요합니다. 우리 시니어 성도님들은 공동체 내에서 서로를 격려하고, 함께 기도하며, 신앙의 기쁨을 나누는 것 자체가 큰 힘이 됩니다. 우리는 서로에게 근심은 나누고 기쁨은 더해주는 공동체입니다. 하나님의 말씀과 기도, 그리고 공동체의 교제 속에서 진정한 영적 기쁨을 회복할 수 있습니다.

적용

하나님 안에서 마음의 즐거움을 찾고 기쁨을 나눕시다. 또한 시니어 부서를 통해서 건강한 신앙 공동체로 성장할 수 있습니다. 함께 기도제목을 나누고, 서로를 위해 기도해야 합니다. 이 모든 과정에서 하나님께서 주시는 영적 기쁨을 깊이 체험하게 됩니다.

기도

마음에 평안과 기쁨을 주시는 하나님 감사합니다. 우리의 근심을 덜어주시고 기쁨이 우리 삶 속에 깊이 자리 잡게 하옵소서. 또한 주님이 주시는 기쁨을 주변 사람들과 나누게 하옵소서. 우리가 더욱 건강한 신앙 공동체가 되게 하옵소서. 예수 그리스도의 이름으로 기도드립니다. 아멘.

시니어 목회를 위한 팁

시니어를 위한 정서적 안정

정서적 안정은 시니어의 전반적인 삶의 질과 건강에 중요한 영향을 미칩니다. 특히 노년기에는 외로움과 우울증이 빈번하게 발생하며, 이는 신체적 건강에도 부정적인 영향을 줄 수 있습니다. 미국 노인정신건강협회(NCOA) 보고서에 따르면, 정서적 지원을 받은 노인들은 그렇지 않은 노인들에 비해 우울증 발생률이 낮고, 삶의 만족도가 높은 것으로 나타났습니다.

교회는 정기적인 소그룹 모임과 개인 상담을 통해 정서적 지지를 제공할 수 있습니다. 시니어들이 사회적 네트워크와 유대감을 유지하고 외로움과 우울증을 예방하는 데 효과적입니다. 교회 내에서의 정서적 지지는 시니어들이 삶의 의미를 찾고 신앙 공동체와의 유대감을 강화하는 데 큰 도움을 줍니다.

8과 서로 사랑하자

해설

신앙생활을 하다보면 사랑에 대해서 많이 듣습니다. 나랑 맞지 않는 사람들과 함께하는 것이 쉽지 않습니다. 그래서 하나님은 우리에게 서로 사랑하라고 명령하신 것입니다. 사랑을 위해 노력하는 것이야 말로 믿음 성장의 촉매제입니다.

요한일서 4:11-12

11 사랑하는 자들아 하나님이 이같이 우리를 사랑하셨은즉 우리도 서로 사랑하는 것이 마땅하도다
12 어느 때나 하나님을 본 사람이 없으되 만일 우리가 서로 사랑하면 하나님이 우리 안에 거하시고 그의 사랑이 우리 안에 온전히 이루어지느니라

설교개요

1. 하나님의 사랑(11)

하나님이 우리를 어떻게 사랑하셨는지 아는 것은 매우 중요합니다. 그 사랑은 조건 없는 희생적인 사랑입니다. 그분의 사랑이 우리 삶에 어떻게 반영될 수 있을까요? 사랑은 말로만 끝나는 것이 아니라, 행동으로 나타나야 합니다.

2. 서로 사랑하라(12)

'서로 사랑'은 단순한 감정 이상의 행동입니다. 우리가 서로 사랑할 때, 그 사랑은 하나님의 사랑을 세상에 드러냅니다. 서로를 아끼고 사랑할 때 그 속에서 하나님이 우리와 함께 계심을 경험하게 됩니다.

3. 사랑의 온전함(12)

서로 사랑을 실천함으로써 하나님의 사랑이 우리 안에서 온전해짐을 경험하게 됩니다. 사랑은 하나님의 뜻을 따르며 성장하게 합니다. 영적 성숙과 평안을 얻게 합니다. 사랑은 우리의 신앙을 완성하는 중요한 열쇠입니다.

적용

'서로 사랑'은 하나님의 사랑을 실천하는 가장 직접적인 방법입니다. 주변 사람들과의 관계에서 실천할 수 있는 구체적인 사랑의 방법들을 고민하고, 이를 통해 하나님께 영광을 돌리는 삶을 살아갑시다.

모임순서

환영	
찬송	221장 주 믿는 형제들 219장 주 하나님의 사랑은
건강기도	(참석자들의 건강과 안녕을 기원합니다)
설교	서로 사랑하자 요한일서 4:11-12
축복기도	(교회 상황에 맞추어 주기도, 축도 등으로 바꾸시면 됩니다)
공과활동	1. 인사송 2. 웃음발성 – 다함께 웃어봐요 3. 신체균형동작 – 일이삼사(발) 4. 주제활동 – 사랑하는 마음보다 5. 끝인사

설교문

서로 사랑하자

요한일서 4:11-12

신앙생활에서 가장 중요한 주제인 "사랑"에 대해 말씀을 나누고자 합니다. 설교에서 사랑에 대해 자주 듣게 됩니다. 하지만 나와 맞지 않는 사람들을 사랑하는 것은 쉽지 않습니다. 이러한 이유 때문에 하나님께서는 우리에게 '서로 사랑하라'고 명령하신 것입니다. 사랑은 믿음의 성장에서 가장 중요한 요소 중 하나입니다.

1. 하나님의 사랑(11)

하나님이 우리를 사랑하신 것은 조건 없는 사랑입니다. 우리가 죄인이었을 때조차 우리를 사랑하셨습니다. 이 사랑은 우리가 실천해야 할 가장 큰 도전 과제입니다. 하나님이 우리를 어떻게 사랑하셨는지를 기억합시다.

우리가 아직 죄인 되었을 때에 그리스도께서 우리를 위하여 죽으심으로
하나님께서 우리에 대한 자기의 사랑을 확증하셨느니라 (로마서 5:8)

사랑은 삶에서 만나는 사람들에게 나타나야 합니다. 나와 다른 사람, 나를 힘들게 하는 사람에게조차 그 사랑을 실천하는 것이 하나님이 원하시는 모습입니다. 우리 시니어 성도님들은 오랜 신앙생활 속에서 하나님의 사랑을 경험해 오셨습니다. 이제 그 사랑을 가족, 친구, 교회 공동체 안에 나누어 줄 수 있습니다.

2. 서로 사랑하라(12)

서로 사랑한다는 것은 감정만이 아닌 그 이상의 의미를 내포합니다. 이는 하나님의 사랑을 세상에 드러내는 영적인 행위입니다. 우리가 서로 사랑할 때, 하나님의 사랑이 우리 안에 거하며 그 사랑이 온전해집니다. 서로 사랑은 개인뿐만 아니라 공동체 안에서 더욱 큰 사랑으로 자라납니다.

시니어 성도님들은 교회에서 중요한 역할을 담당합니다. '서로 사랑'이라는 마음을 가지고 교회 안에서 젊은 세대와 소통하며 그들과의 관계를 발전시킬 수 있습니

다. 사랑은 말이 아닌 실천에서 드러납니다. 작은 친절과 배려, 그리고 이해와 용서를 통해 우리는 하나님의 사랑을 증거 할 수 있습니다.

새 계명을 너희에게 주노니 서로 사랑하라 내가 너희를 사랑한 것 같이 너희도 서로 사랑하라 (요한복음 13:34)

3. 사랑의 온전함(12)

사랑을 실천하는 것은 하나님께서 우리 삶 속에서 역사하시고 우리를 통해 그분의 사랑을 나타내는 과정입니다. 하나님의 사랑으로 살아갈 때에 하나님께 더 가까이 가며, 믿음은 성장하게 됩니다. 그 사랑이 풍성해지도록 기도해야겠습니다. 시니어 성도님들은 긴 인생 여정 속에서 많은 사랑과 아픔을 경험하셨을 것입니다. 이제 이 사랑을 온전히 실천함으로써, 자신의 영적 성장을 이루고 주님 안에서 놀라운 평강을 누릴 수 있는 시간이 되기를 기원합니다. 사랑의 온전함은 우리가 교회와 가정에서 경험하는 모든 관계 속에서 드러납니다.

적용

시니어 성도님들은 사랑의 실천을 통해 긍정적인 영향력을 줄 수 있습니다. 작은 친절과 배려로 시작할 수 있습니다. 교회 안에서 서로 사랑을 위해 섬기는 것, 어려운 사람에게 손을 내미는 것을 두려워하지 마십시오. 이러한 실천이 우리를 더욱 건강하게 만듭니다.

기도

하나님, 우리가 서로를 사랑함으로써 주님의 사랑을 실천하게 하옵소서. 주의 사랑이 우리 안에서 온전하게 이루어지게 하옵소서. 그 사랑이 교회와 사회 안에서 빛을 발하게 하옵소서. 예수 그리스도의 이름으로 기도드립니다. 아멘.

시니어 목회를 위한 팁

시니어 대상으로 하는 디지털 기술 교육의 필요성

키오스크, 어플 및 스마트폰 사용 등 디지털 기술에 대한 접근은 시니어들의 사회적 참여를 촉진하는 중요한 요소입니다. 디지털 기술 교육은 시니어들의 사회적 고립을 줄이고 삶의 만족도를 높이는 데 효과적입니다. 영국 노년학 연구소(Institute of Gerontology)는 디지털 기술 습득이 시니어들의 자존감을 높이고, 사회적 연결감을 강화하는 데 기여한다고 강조합니다.

교회는 기본적인 디지털 기술 교육을 통해 시니어들이 온라인 예배와 교제에 적극 참여할 수 있도록 지원해야 합니다. 이러한 교육은 시니어들이 사회와 다른 세대와 활발하게 소통하게 하고, 더 나은 삶의 질을 유지하는 데 중요한 역할을 합니다. 디지털 기술 습득은 시니어들의 정신적 건강과 자아 존중감에도 긍정적인 영향을 미칩니다.

9과 환난을 뒤집는 하나님

해설
성도의 삶에는 기쁨도 있지만 때로는 환난도 찾아옵니다. 사도 바울은 환난 가운데서도 우리 하나님이 위로의 하나님이심을 알려줍니다. 하나님은 우리의 모든 환난 가운데 함께하시며 위로하시는 분이십니다.

고린도후서 1:3-4
3 찬송하리로다 그는 우리 주 예수 그리스도의 하나님이시요 자비의 아버지시요 모든 위로의 하나님이시며
4 우리의 모든 환난 중에서 우리를 위로하사 우리로 하여금 하나님께 받는 위로로써 모든 환난 중에 있는 자들을 능히 위로하게 하시는 이시로다

설교개요

1. 하나님의 위로하심(3)
하나님은 자비의 아버지이시며, 시니어들에게 항상 깊은 위로를 제공하십니다. 환난 속에서도 변함없는 하나님의 사랑과 돌봄을 더욱 신뢰해야 합니다.

2. 환난 중에 위로하시는 하나님(4)
하나님의 위로는 한결같아서 시니어들의 영적 성장을 돕습니다. 우리는 고난 속에서 믿음이 더욱 강해지고 성숙해집니다. 하나님을 바라보아야 합니다.

3. 서로 위로하는 성도들(4)
하나님으로부터 받은 위로를 나에게서만 멈추지 마십시오. 서로 나누는 것이 중요합니다. 이를 통해 시니어 부서가 서로 사랑하며 섬기며 위로하는 공동체가 됩니다.

적용

현재 겪고 있는 환난 가운데서도 하나님의 위로에 기댑시다. 다른 사람들과 나누는 삶을 실천해 봅시다. 하나님의 위로로 한 주 동안 서로를 격려하며 위로하는 공동체를 만듭시다.

모임순서

환영	
찬송	70장 피난처 있으니 336장 환난과 핍박 중에도
건강기도	(참석자들의 건강과 안녕을 기원합니다)
설교	환난을 뒤집는 하나님 고린도후서 1:3-4
축복기도	(교회 상황에 맞추어 주기도, 축도 등으로 바꾸시면 됩니다)
공과활동	1. 인사송 2. 혈액순환체조 - 건강박수 3. 인지도형동작 - 고향의 봄 4. 주제활동 - 색깔판 뒤집기 5. 끝인사

설교문

환난을 뒤집는 하나님
고린도후서 1:3-4

성도의 삶은 믿음으로 인해 기쁨이 충만하지만 때로는 환난이 찾아오기도 합니다. 이 땅을 사는 동안 고통과 어려움을 모두 피할 수는 없습니다. 사도 바울은 환난 가운데 있는 성도들을 향해 '위로의 하나님'이심을 알려줍니다. 하나님의 위로는 상처 입은 영혼을 회복시키시고, 환난 가운데 강하게 하십니다.

1. 하나님의 위로하심(3)

우리는 이 땅에서 다양한 환난을 겪게 됩니다. 성도들은 주 안에 있을 때에만 하나님의 자비하심과 위로하심을 깊게 체험합니다. 하나님은 자비의 아버지이십니다. 때로는 무너질 것만 같은 순간에도 조용히 우리 곁에 함께 계십니다. 내가 두려워 떨 때에 그의 손으로 우리를 붙드십니다. 하나님께서 주시는 위로는 상처 입은 우리의 마음과 영혼을 새롭게 합니다. 환난 속에서도 다시 일어설 수 있는 힘을 주십니다.

여호와는 마음이 상한 자를 가까이 하시고
충심으로 통회하는 자를 구원하시는도다 (시편 34:18)

시편 말씀은 하나님의 마음이 얼마나 우리에게 가까이 계시는지를 보여줍니다. 인생의 무거운 짐과 고통으로 아무 것도 보이지 않을 때, 하나님의 따뜻한 위로를 경험하게 됩니다. 우리의 눈물이 그분 앞에서 헛되지 않음을 기억합시다.

우리 시니어 성도님들은 오랜 인생의 여정 속에서 여러 환난과 고통을 지나왔습니다. 건강의 문제, 경제적인 어려움, 가족과의 갈등까지. 인생의 후반부에 이것들은 더 큰 무게로 다가옵니다. 그러나 하나님께서는 이러한 고통 속에서도 우리와 함께하시며 따뜻한 손길로 위로하십니다. 우리는 하나님의 자비와 위로를 신뢰하며 살아가야 합니다.

2. 환난 중에 위로하시는 하나님(4)

하나님의 위로는 마음을 편안하게 하는 것에서만 그치지 않습니다. 그분의 위로는 우리의 영적 성장과 인내를 돕는 중요한 안내자 역할을 합니다. 환난 중에서 하나님의 위로를 경험할 때 더욱 성숙한 신앙으로 자라갑니다.

2 내 형제들아 너희가 여러 가지 시험을 당하거든 온전히 기쁘게 여기라
3 이는 너희 믿음의 시련이 인내를 만들어 내는 줄 너희가 앎이라
(야고보서 1:2-3)

환난과 시련은 우리의 신앙을 시험하는 도구입니다. 하나님께서는 환난 속에서 우리를 버리지 않으시고, 오히려 우리를 강하게 만드십니다. 고난 속에서 하나님은 우리에게 새로운 힘을 주십니다. 고난이 축복이라고까지 말할 수 있을까요? 우리는 고난 속에서 하나님을 더욱 바라고 성장하게 됩니다.

3. 서로 위로하는 성도들(4)

하나님의 위로는 성도 개인에게만 머물지 않습니다. 하나님의 위로는 교회의 담장을 넘어섭니다. 하나님께서 주신 위로를 다른 사람에게 나눌 수 있습니다. 사도 바울은 성도인 우리가 하나님께 받은 위로를 환난 중에 있는 자들에게 전할 수 있다고 알려줍니다. 하나님의 위로를 내 안에만 담아 놓은 것이 아니라 다른 사람에게 나누어야 합니다.

서로 돌아보아 사랑과 선행을 격려하며 (히브리서 10:24)

믿음의 공동체는 하나님의 위로를 서로 나누며, 격려하는 공동체로 성장해야 합니다. 특히 시니어 성도들은 오랜 신앙생활을 통해 받은 하나님의 은혜와 위로를 나누어야 할 책임이 있습니다. 교회 안에서 서로를 위로하고 격려하는 일은 매우 중요한 교회의 사역입니다. 우리가 받은 위로로 다른 성도들을 위로하고 격려할 때 더욱 하나가 되고 하나님의 사랑이 온전히 이루어집니다. 특히 홀로 고립되지 않고 함께하는 공동체가 되어야 하겠습니다.

적용

현재 겪고 있는 환난 가운데서도 하나님의 위로에 기대고, 이를 통해 다른 사람들을 돕고 격려하는 삶으로 나아갑시다. 공동체 내에서 서로를 위로하고 지지하며, 하나님의 사랑을 실천하는 역할을 맡아 주십시오. 작은 친절과 배려로 시작하여 서로의 아픔을 나누며, 하나님의 위로를 세상에 전합시다.

기도

하나님, 저희가 환난 중에서도 굳건한 믿음을 간직하게 하옵소서. 주님이 주신 위로를 서로 나누며 위로하고 섬기게 하옵소서. 우리 삶이 주님의 사랑과 자비를 드러내는 통로가 되기를 원합니다. 예수님의 이름으로 기도드립니다. 아멘.

시니어 목회를 위한 팁

경제 상담 프로그램 제공

미국 사회복지학회(SSWR)와 은퇴자협회(AARP)에 따르면, 은퇴 후 경제적 불안은 시니어들의 주요 스트레스 요인 중 하나로 나타났습니다. 경제적 불안은 신체뿐만 아니라 정서에도 부정적인 영향을 미칩니다. 경제적 스트레스는 불면증, 우울증, 심혈관 질환과 같은 문제를 유발할 수 있으며, 이는 시니어들의 전반적인 삶의 질을 저하시킬 수 있습니다.

교회는 영적 양식 외에도 경제적 상담 프로그램을 진행할 수 있습니다. 재정 관리 교육, 은퇴 후 재정 계획, 정부 지원 프로그램 안내 등을 통해 시니어들이 경제적 안정감을 찾을 수 있도록 도울 수 있습니다. 전문가의 조언을 통해 스트레스를 줄이고 심리적 안정도 얻게 됩니다. 교회가 제공하는 경제적 상담은 시니어들의 삶의 질을 향상시키는 데 소중한 지원이 될 수 있습니다.

10과 한 알의 밀알

해설
예수님은 자신을 한 알의 밀알에 비유하십니다. 죽음을 통해 많은 열매를 맺는 원리를 설명하셨습니다. 희생과 헌신의 씨앗은 반드시 열매를 맺습니다. 인생의 후반전에 있는 시니어들에게 믿음의 도전이 됩니다.

요한복음 12:24-25
24 내가 진실로 진실로 너희에게 이르노니 한 알의 밀이 땅에 떨어져 죽지 아니하면 한 알 그대로 있고 죽으면 많은 열매를 맺느니라
25 자기의 생명을 사랑하는 자는 잃어버릴 것이요 이 세상에서 자기의 생명을 미워하는 자는 영생하도록 보전하리라

설교개요

1. 한 알의 밀알(24)
예수님께서 자신을 한 알의 밀알로 비유하신 것은 자기의 죽음을 통한 구원의 역사를 의미합니다. 이 땅에서의 삶이 끝나는 순간이 끝이 아니라, 영광스러운 부활과 영생이 있음을 알립니다.

2. 죽음의 의미(24)
예수님의 말씀은 이 세상에서 어떻게 살아야 하는지 방향을 알려 주십니다. 자신의 생명을 아끼는 것은 영생을 잃는 길이고, 생명을 기꺼이 내어주는 것만이 많은 열매를 맺게 됩니다.

3. 영적 열매를 맺는 삶(25)
시니어들은 자신의 생애를 돌아보며 남은 시간을 어떻게 보내야 할지 고민합니다. 자신의 삶을 다른 이들을 위해 헌신하고, 사랑을 나누는 데 사용한다면 어떨까요? 그 삶은 영원히 기억될 아름다운 열매를 맺는 삶이 될 것입니다.

적용

나의 삶을 돌아보며, 내가 남길 열매가 무엇인지 생각해 봅시다. 인생의 시간을 어떻게 보내는 것이 유익할까요? 많은 영적 열매를 맺을 방법을 찾아봅시다.

모임순서

환영	
찬송	461장 십자가를 질 수 있나 15장 하나님의 크신 사랑
건강기도	(참석자들의 건강과 안녕을 기원합니다)
설교	한 알의 밀알 요한복음 12:24-25
축복기도	(교회 상황에 맞추어 주기도, 축도 등으로 바꾸시면 됩니다)
공과활동	1. 인사송 2. 혈액순환체조 - 건강박수 3. 인지도형동작 - 고향의봄 4. 주제활동 - 두루마리 휴지꽃 만들기 5. 끝인사

설교문

한 알의 밀알
요한복음 12:24-25

예수님께서 자신의 삶을 한 알의 밀알에 비유하셨습니다. 밀알이 땅에 떨어져 죽어야만 많은 열매를 맺는다고 말씀하셨습니다. 이 비유는 희생과 헌신이 어떤 의미가 있는지 알려줍니다. 특히 인생의 후반부를 살아가는 우리 시니어들에게 더 큰 도전과 격려가 됩니다. 우리는 어떤 열매를 맺고 있나요? 이 땅에 남겨야 할 아름다운 열매를 함께 고민해봅시다.

1. 한 알의 밀알(24)

예수님께서 자신을 한 알의 밀알로 비유하셨습니다. 자신의 죽음으로 우리가 얻게 될 놀라운 은혜를 미리 알려주신 것입니다. 한 알의 밀알이 땅에 떨어져 죽으면, 그 안에서 새로운 생명이 시작되고 많은 열매를 맺습니다. 예수님께서 십자가에서 죽으심으로 영원한 구원의 역사가 나타났습니다. 많은 사람들이 이 땅에서의 삶만 중요하다고 생각하나 우리 성도들은 그렇지 않습니다. 마지막 숨을 거둘 때가 결코 끝이 아닙니다. 우리에게는 영광스러운 부활과 영생이 있습니다.

25 예수께서 이르시되 나는 부활이요 생명이니 나를 믿는 자는 죽어도 살겠고
26 무릇 살아서 나를 믿는 자는 영원히 죽지 아니하리니 이것을 네가 믿느냐
(요한복음 11:25-26)

이 말씀은 시니어들에게 큰 위로와 소망을 줍니다. 이 땅에서 삶이 어느 순간 끝나지만 그 때가 마지막이 아닙니다. 육체의 죽음은 새로운 생명의 시작점입니다. 하나님 안에서 영원한 생명으로 들어가는 순간입니다.

2. 죽음의 의미(24)

예수님께서 말씀하신 죽음은 육체적인 죽음만을 의미한 것이 아닙니다. 예수님은 자신의 생명을 기꺼이 내어줄 때 참된 생명을 얻게 된다고 말씀하십니다. 이 세상

에서 자신의 생명을 사랑하는 자는 도리어 생명을 잃게 됩니다. 그러나 자신의 생명을 기꺼이 내어주는 자는 많은 열매를 맺고 영생을 얻게 됩니다.

이것은 시니어들에게 깊은 도전이 됩니다. 우리의 남은 시간을 어떻게 보낼 것인가에 대해 고민해 봅시다. 나의 시간과 에너지를 자기만을 위해 쓴다면 그 삶의 가치는 매우 가벼워 집니다. 아무런 열매를 맺지 못합니다. 그러나 남은 시간을 다른 이들을 위해 헌신하고 사랑을 나누는 데 사용한다면 어떨까요? 우리 인생은 영원히 기억될 아름다운 열매를 맺게 됩니다.

누구든지 제 목숨을 구원하고자 하면 잃을 것이요
누구든지 나를 위하여 제 목숨을 잃으면 찾으리라 (마태복음 16:25)

자신의 생명을 아끼지 않고 다른 사람을 위해 기꺼이 내어줄 때 비로소 인생의 열매가 맺힙니다. 다른 사람들을 섬기고 위로하며 사랑을 베풀 때 풍성해집니다.

3. 영적 열매를 맺는 삶(25)

인생 후반에 자신의 생애를 돌아보면서 남은 시간을 어떻게 보내야 할지 고민하는 것은 자연스러운 일입니다. 남은 생애에서 과연 어떤 영적 열매를 맺을 수 있을까요? 우리가 시간을 어떻게 사용하느냐에 따라 여러 모습으로 나타납니다. 하나님께서는 각 사람에게 알맞는 열매를 맺게 하실 것입니다.

남은 삶을 하나님께 드리고, 다른 사람들을 섬기며 사랑을 나눌 때 놀랍고 풍성한 열매를 맺는 인생이 됩니다. 특히 시니어들은 인생의 지혜와 경험을 통해 교회 공동체 내에서 중요한 역할을 맡고 있습니다. 지금까지 충성한 것처럼 다른 성도들을 격려하고 위로하며 그들을 위한 기도와 헌신으로 열매를 맺읍시다.

9 우리가 선을 행하되 낙심하지 말지니 포기하지 아니하면 때가 이르매 거두리라
10 그러므로 우리는 기회 있는 대로 모든 이에게 착한 일을 하되 더욱 믿음의 가정들에게 할지니라 (갈라디아서 6:9-10)

적용

시니어 여러분, 우리는 예수님처럼 한 알의 밀알로 살 수 있습니다. 예수님이 가셨던 길을 따라가는 것입니다. 생명을 아끼지 아니하고 기꺼이 내어드릴 때, 우리의 삶에서 많은 열매를 맺게 됩니다. 남은 생애를 돌아보며, 어떤 영적 열매를 맺을

수 있을지 고민해 봅시다. 하나님께서 우리에게 남겨두신 시간과 기회를, 다른 사람들을 섬기고 사랑하는 데 사용합시다. 우리 삶이 영원히 기억될 아름다운 열매를 맺는 삶을 만들어 봅시다.

기도

주님 제가 여기있사오니, 주의 뜻대로 사용하옵소서. 이 세상에서 삶이 끝날 때, 많은 열매를 맺게 하옵소서. 제 삶이 다른 사람들에게 유익이 되고, 하나님께 영광이 되는 삶 되기를 원합니다. 예수님의 이름으로 기도드립니다. 아멘.

시니어 목회를 위한 팁

건강관리 프로그램 제공

규칙적인 신체 활동은 시니어들의 신체적 건강을 유지하고 삶의 질을 크게 향상시킵니다. 미국 질병통제예방센터(CDC)는 가벼운 스트레칭, 걷기, 그리고 저강도 운동이 시니어들의 심혈관 건강과 근력 유지에 효과적이라고 보고했습니다. 신체 활동은 건강뿐만 아니라 우울증과 불안을 줄여 정신적 건강에도 긍정적인 영향을 미칩니다.

교회는 정기적인 운동 프로그램을 통해 시니어들이 활발한 신체 활동을 유지하도록 지원할 수 있습니다. 특히, 교회가 제공하는 건강관리 프로그램은 사회적 고립을 줄이고 시니어들의 자존감을 높이는 데 기여합니다. 신체적 건강을 유지하는 것은 영적 성장에도 필수적이며, 신앙생활의 지속성에도 영향이 큽니다. 교회는 건강관리 프로그램을 통해 신체와 영적 건강의 균형을 강조할 필요가 있습니다.

11과 이기게 하시는 하나님(여호와 닛시)

해설
이스라엘이 출애굽 하는 동안 여러 전투를 했습니다. 전쟁은 하나님께 속한 것입니다. 모세는 아말렉과의 전투에서 승리하게 하시는 주님을 만났습니다. 우리 역시 하나님의 도우심으로 승리하는 신앙생활을 꿈꾸어야 합니다.

출애굽기 17:11-13
11 모세가 손을 들면 이스라엘이 이기고 손을 내리면 아말렉이 이기더니
12 모세의 팔이 피곤하매 그들이 돌을 가져다가 모세의 아래에 놓아 그가 그 위에 앉게 하고 아론과 훌이 한 사람은 이쪽에서, 한 사람은 저쪽에서 모세의 손을 붙들어 올렸더니 그 손이 해가 지도록 내려오지 아니한지라
13 여호수아가 칼날로 아말렉과 그 백성을 쳐서 무찌르니라

설교개요
1. 하나님을 향해 손을 드는 모세(11)
모세의 손이 하늘로 올라가면 이스라엘이 승리하고, 손이 내려가면 아말렉이 승리했습니다. 모세의 손은 하나님을 의지하는 것을 나타냅니다. 하나님을 향해 손을 들 때에 승리가 찾아옵니다.

2. 모세의 손을 잡아주는 동역자(12)
모세가 피곤해지자, 아론과 훌이 모세의 팔을 지지하며 도와줍니다. 하나님의 일은 혼자서는 감당할 수 없습니다. 우리의 믿음은 하나님을 신뢰해야 합니다. 또한 서로 돕고 지지하는 것도 때로는 필요합니다. 지친 이의 손을 잡아 일으켜 줄 수 있습니다.

3. 전투를 이긴 여호수아(13)
모세는 기도하고 여호수아는 전쟁터에서 칼로 아말렉을 무찌릅니다. 이는 하나님이 주신 전략과 지혜로 승리를 거두었음을 의미합니다. 전투의 승리는 내 힘을 의

지하는 것이 아니라 하나님의 도움으로 가능합니다.

적용

이스라엘 백성처럼 우리의 승리는 하나님께 달려 있습니다. 어려운 상황에 직면할 때, 하나님께 기도하고 의지하는 것이 중요합니다. 하나님과 더욱 친밀한 관계가 필요합니다. 또한 동역자끼리 서로 도와야 합니다. 하나님의 도우심과 공동체의 돌봄은 우리가 끝까지 승리하는 삶을 살도록 이끌어 줍니다.

모임순서

환영	
찬송	348장 마귀들과 싸울 지라 352장 십자가 군병들아
건강기도	(참석자들의 건강과 안녕을 기원합니다)
설교	이기게 하시는 하나님(여호와 닛시) 출애굽기 17:11-13
축복기도	(교회 상황에 맞추어 주기도, 축도 등으로 바꾸시면 됩니다)
공과활동	1. 인사송 2. 혈액순환체조 - 건강박수 3. 신체균형동작 - 퐁당퐁당 4. 주제활동 - 가위바위보게임 5. 끝인사

설교문

이기게 하시는 하나님(여호와 닛시)

출애굽기 17:11-13

하나님은 모세가 손을 들 때 이스라엘을 승리하게 하셨고, 그 손이 내려오면 아말렉이 이기게 하셨습니다. 하나님께서 모세와 함께 하셨기에 전투는 이스라엘의 승리로 끝났습니다. 이 순간이 여호와 닛시, 승리를 주시는 하나님을 체험한 시간입니다. 우리 인생도 싸움의 연속입니다. 삶 속에서 여러 가지 어려움과 도전에 직면합니다. 그러나 하나님은 우리에게도 승리를 약속하셨습니다. 우리가 어떻게 전투에서 승리할 수 있을지 알아보겠습니다.

1. 하나님을 향해 손을 드는 모세(11)

모세가 손을 들면 이스라엘이 이기고, 손이 내려가면 아말렉이 이겼습니다. 이 장면은 전투의 흐름만 묘사한 것이 아닙니다. 모세가 손을 든 것은 하나님을 의지했다는 뜻입니다. 모세가 단지 손을 들었다고 승리한 것이 아닙니다. 하나님을 향해 손을 들었기 때문에 승리를 얻었습니다. 삶에 찾아오는 여러 문제와 직면할 때도 마찬가지입니다. 하나님을 향해 손을 들 때에 승리할 수 있습니다.

1 내가 산을 향하여 눈을 들리라 나의 도움이 어디서 올까
2 나의 도움은 천지를 지으신 여호와에게서로다 (시편 121:1-2)

모세가 손을 들고 기도하는 것은 하나님께 전적으로 의지하는 모습입니다. 우리도 삶의 문제로 고단할 때, 하나님을 향해 손을 들어야 합니다. 하나님만이 우리의 힘이십니다.

2. 모세의 손을 잡아주는 동역자(12)

모세가 오랫동안 손을 들고 있으니 점점 피곤해졌습니다. 팔이 무거워져서 더 이상 들고 있을 수 없었습니다. 이때 아론과 훌이 모세의 손을 붙들었습니다. 모세가 계속해서 하나님을 향해 손을 들 수 있도록 도왔습니다.

여기서 중요한 교훈을 얻습니다. 하나님의 일은 혼자 감당할 수 없습니다. 혼자 싸우고 있다고 느껴질지라도 하나님은 우리에게 동역자들을 보내주셔서 함께 싸우게 하십니다. 우리는 서로를 돕고 지지할 수 있습니다. 서로의 연약한 믿음을 격려하고 모세의 손을 잡아주었던 아론과 훌처럼 손을 붙들어 주는 역할을 할 수 있습니다.

교회 공동체는 서로의 필요를 채우는 역할을 합니다. 시니어 성도님은 혼자서 모든 싸움을 감당하려 하지 마십시오. 하나님께서는 여러분 곁에 아론과 훌 같은 신실한 동역자를 보내 주십니다. 함께 기도하고, 함께 도우며 하나님께서 주시는 승리를 경험해야 합니다. 그리고 다른 이의 손을 잡아 줄 수 있습니다.

9 두 사람이 한 사람보다 나음은 그들이 수고함으로 좋은 상을 얻을 것임이라
10 혹시 그들이 넘어지면 하나가 그 동무를 붙들어 일으키려니와 홀로 있어 넘어지고 붙들어 일으킬 자가 없는 자에게는 화가 있으리라 (전도서 4:9-10)

3. 전투를 이긴 여호수아(13)

이스라엘 군대를 이끌었던 여호수아는 하나님이 주신 전략과 지혜로 아말렉을 무찔렀습니다. 전투에서 직접 싸운 것은 여호수아와 이스라엘 군사들이었지만 승리는 하나님께서 주신 것입니다. 여호수아의 칼이 아말렉을 무찌른 것은 하나님의 능력이 함께 했기 때문입니다.

우리도 인생에서 여호수아처럼 싸워야 할 때가 있습니다. 그 싸움은 우리의 지혜나 힘으로 이길 수 없습니다. 하나님이 주신 능력으로만 승리할 수 있습니다. 하나님께 지혜와 능력을 구해야 합니다. 하나님께서 우리와 함께하실 때 그분의 능력과 참된 승리를 경험할 수 있습니다.

야하시엘이 이르되 온 유다와 예루살렘 주민과 여호사밧 왕이여 들을지어다
여호와께서 이같이 너희에게 말씀하시기를 너희는 이 큰 무리로 말미암아 두려워하거나 놀라지 말라 이 전쟁은 너희에게 속한 것이 아니요 하나님께 속한 것이니라 (역대하 20:15)

적용

사랑하는 시니어 여러분. 우리 삶에 많은 도전과 싸움이 찾아옵니다. 그러나 싸움은 우리가 홀로 감당하는 것이 아닙니다. 하나님이 우리와 함께 계십니다. 승리는 오직 하나님께만 달려 있습니다. 모세가 하나님을 향해 손을 들었을 때 승리한 것처럼, 우리도 하나님을 향해 손을 들고 기도해야 합니다. 어려운 상황에 직면할 때 하나님께 기도하고 의지하는 것이 중요합니다. 또한 서로를 지지하고 격려하는 속에서 승리를 얻습니다. 성도는 홀로 싸우지 않습니다.

기도

하나님, 삶에서 싸움과 도전이 있을 때마다 주님의 도우심을 의지하게 하옵소서. 주님을 더욱 신뢰하고 기도하게 하옵소서. 서로 도우며 승리의 길을 걸어가게 하옵소서. 여호와 닛시가 되셔서 전쟁을 승리로 이끌어 주옵소서. 예수님의 이름으로 기도드립니다. 아멘.

시니어 목회를 위한 팁

시니어의 영적성장 프로그램

노년기에도 영적 성장은 시니어들에게 삶의 만족도를 높이는 중요한 요소입니다. 신앙생활은 시니어들의 우울증 감소와 심리적 회복력 강화에 긍정적인 영향을 미칩니다. 미국 심리학회(APA) 보고서에 따르면, 정기적인 신앙 활동은 시니어들이 삶의 의미를 재발견하게 하고, 심리적 웰빙을 증진시킨다고 강조합니다.

교회는 성경 공부 모임과 기도 모임을 통해 시니어들의 영적 성장을 적극적으로 지원할 필요가 있습니다. 이러한 프로그램은 신앙의 깊이를 더하며, 시니어들이 신앙을 통해 삶의 도전에 잘 대처할 수 있도록 돕습니다. 영적 성장은 신체적, 정신적 건강과도 밀접하게 연결되어 있어 전인적 건강을 유지하는 데 필수적입니다.

12과 가장 큰 계명(이웃사랑)

해설

예수님은 가장 큰 두 계명을 알려 주셨습니다. 첫째는 하나님을 온 마음과 목숨과 뜻과 힘을 다하여 사랑하는 것입니다. 둘째는 이웃을 자신과 같이 사랑하라는 것입니다. 신앙은 하나님과의 관계에서 시작하여, 그 사랑이 이웃에게로 확장되어야 합니다.

마가복음 12:30-31

30 네 마음을 다하고 목숨을 다하고 뜻을 다하고 힘을 다하여 주 너의 하나님을 사랑하라 하신 것이요
31 둘째는 이것이니 네 이웃을 네 자신과 같이 사랑하라 하신 것이라 이보다 더 큰 계명이 없느니라

설교개요

1. 첫째 계명(30)

마음, 목숨, 뜻, 힘을 다해 하나님을 사랑하는 것이 첫째 계명입니다. 이는 하나님에 대한 전적인 헌신과 사랑을 의미하며, 우리의 모든 존재가 하나님께 드려야 함을 강조합니다.

2. 둘째 계명(31)

이웃을 자신과 같이 사랑하라는 계명은 자기 자신을 사랑하는 것과 동등하게 이웃을 사랑해야 함을 명령합니다. 자기 사랑과 이웃 사랑이 불가분의 관계에 있음을 나타냅니다. 이웃을 어떻게 대해야 할까요?

3. 사랑의 원칙(31)

두 계명은 서로 분리될 수 없는 한 덩어리의 사랑입니다. 하나님을 사랑하는 것이 이웃 사랑으로 표현되며, 이웃 사랑이 하나님 사랑의 증거로 나타납니다. 이보다 더 큰 계명은 없다고 말씀하셨습니다.

적용

하나님 사랑에서 출발하여 그 사랑을 이웃에게까지 확장해야 합니다. 하나님과 친밀한 관계가 되도록 힘써야 합니다. 이웃을 향한 사랑과 배려가 필요합니다. 특히 우리의 말과 행동에 사랑이 나타나도록 해야 합니다.

모임순서

환영	
찬송	220장 사랑하는 주님 앞에 218장 네 맘과 정성을 다하여서
건강기도	(참석자들의 건강과 안녕을 기원합니다)
설교	가장 큰 계명 마가복음 12:30-31
축복기도	(교회 상황에 맞추어 주기도, 축도 등으로 바꾸시면 됩니다)
공과활동	1. 인사송 2. 혈액순환체조 - 건강박수 3. 신체균형동작 - 퐁당퐁당 4. 주제활동 - 아름다운 마음들이 모여서 5. 끝인사

설교문

가장 큰 계명(이웃사랑)

마가복음 12:30-31

사랑하는 성도 여러분, 신앙생활에서 가장 중요한 두 가지 계명이 무엇일까요? 예수님께서는 모든 계명 중에서 이 두 가지가 가장 중요하다고 말씀하셨습니다. 바로 하나님 사랑과 이웃 사랑입니다. 예수님께서 두 가지 계명을 어떻게 다루셨을까요? 함께 알아보겠습니다.

1. 첫째 계명(30)

첫째 계명은 "네 마음을 다하고 목숨을 다하고 뜻을 다하고 힘을 다하여 주 너의 하나님을 사랑하라"는 말씀입니다. 하나님 사랑은 전인적인 사랑입니다. 마음, 목숨, 뜻, 힘을 다하여 하나님을 사랑한다는 것은 삶의 모든 영역에서 하나님께 전적으로 헌신해야 한다는 뜻입니다. 감정적인 사랑만이 아닙니다. 우리의 행동과 삶 전체가 하나님을 향해야 합니다. 하나님을 사랑하는 것은 그분의 명령을 지키고, 하나님의 말씀에 순종하며 살아가는 것입니다.

너희가 나를 사랑하면 나의 계명을 지키리라 (요한복음 14:15)

하나님을 사랑하는 가장 구체적인 모습은 말씀에 순종하는 것입니다. 시니어 성도님들은 자신의 삶에서 하나님을 얼마나 사랑하는지 스스로에게 물어볼 수 있습니다.

2. 둘째 계명(31)

둘째 계명은 "네 이웃을 네 자신과 같이 사랑하라"는 말씀입니다. 이웃 사랑은 자신을 사랑하는 것처럼 이웃을 사랑하는 것입니다. 우리들 대부분은 자신을 소중히 여깁니다. 때로는 자기를 너무 사랑해서 이기적일 정도로 아끼고 보호합니다. 그것을 극복하는 유일한 방법은 다른 사람을 먼저 생각하고 사랑하며 섬기는 것입니다.

단순한 친절을 넘어서서 헌신적인 사랑이 가능할까요? 주변 사람들을 어떻게 대하고 있나요? 나와 성격이 다르거나 마음에 들지 않는 사람들을 대할 때에도, 좋아하는 사람을 대할 때와 비슷한가요? 하나님께서는 이웃 사랑을 선택하라고 말씀하신 것이 아니라 반드시 실행해야 할 명령이라고 하십니다. 이웃 사랑은 하나님 사랑의 연장선에 있습니다. 하나님을 사랑한다고 말하면서 이웃을 사랑하지 않을 수 없습니다.

누구든지 하나님을 사랑하노라 하고 그 형제를 미워하면 이는 거짓말하는 자니 보는 바 그 형제를 사랑하지 아니하는 자는 보지 못하는 바 하나님을 사랑할 수 없느니라 (요한일서 4:20)

이웃 사랑은 믿음의 실천입니다. 다른 사람을 대하는 말과 행동에서 사랑을 담을 수 있습니다. 시니어 성도님은 가까운 이웃들에게 따뜻한 말 한마디와 작은 배려의 손길을 먼저 내밀 수 있습니다. 이웃 사랑이 신앙입니다.

3. 사랑의 원칙(31)

앞선 두 계명은 서로 분리될 수 없는 놀라운 사랑의 원칙입니다. 하나님을 사랑하는 것은 이웃 사랑으로 표현되며, 이웃 사랑이 곧 하나님 사랑의 증거로 나타납니다. 예수님께서는 이 두 계명이 모든 계명 중에서 가장 크다고 말씀하셨습니다. 이보다 더 큰 계명은 없습니다. 믿음은 하나님 사랑과 이웃 사랑이 함께 어우러질 때 온전해집니다.

성도 여러분, 하나님 사랑이 순서로는 먼저입니다. 하나님과 올바른 관계를 맺는다는 것은 자연스럽게 이웃 사랑으로 열매를 맺습니다. 두 가지 사랑이 함께 어우러져야 사랑의 원칙이 지켜집니다. 참된 신앙은 사랑으로 완성됩니다. 이웃 사랑은 하나님 사랑을 실제 삶에서 표현하는 것입니다.

이 두 계명이 온 율법과 선지자의 강령이니라 (마태복음 22:40)

적용

사랑하는 시니어 성도 여러분, 하나님을 사랑하는 것이 우리 신앙의 출발점입니다. 마음과 목숨과 뜻과 힘을 다해 하나님을 사랑해야 합니다. 그 사랑은 이웃을 향한 사랑으로 반드시 확장되어야 합니다. 이웃 사랑이 도착점입니다. 주변의 이웃들에게 관심을 기울이고 기도하며, 필요할 때는 도울 수 있는 손길을 내밀어야 합니다. 자신의 삶 속에서 하나님의 사랑이 어떻게 이웃 사랑으로 나타나고 있는지 나누어 봅시다.

기도

온 마음과 목숨과 뜻과 힘을 다해 하나님을 사랑하게 하옵소서. 주님의 사랑이 이웃에게까지 흘러가게 하옵소서. 이웃을 자신과 같이 사랑하는 삶을 살게 하시고, 두 계명이 제 삶 속에서 온전히 하나되게 하옵소서. 주님의 사랑을 전하며, 그 사랑 안에서 이웃을 섬기게 하옵소서. 예수님의 이름으로 기도드립니다. 아멘.

시니어 목회를 위한 팁

시니어 중심의 봉사 활동

시니어들이 스스로 사회와 교회에서 중요한 역할을 수행한다고 느끼는 것은 자존감과 삶의 만족도를 높이는 데 매우 중요합니다. 봉사 활동은 시니어들의 정신적 건강을 증진시키고 사회적 고립을 예방하는 데 큰 도움이 됩니다. 하버드 공중보건대학의 연구에 따르면, 봉사 활동은 시니어들의 신체적 활동성을 유지하고 우울증을 줄이는 데 효과적이라고 보고되었습니다.

교회는 시니어들에게 사역참여, 멘토링 프로그램, 자원봉사 기회를 제공함으로써 이들의 사회적 역할을 강화할 수 있습니다. 이러한 참여는 시니어들이 노년에도 여전히 자신의 가치를 재발견하게 하며, 사회적 연결감을 강화시키는 중요한 역할을 합니다. 봉사 활동을 통해 시니어들은 활력을 얻고, 신체적 건강과 정신적 안녕을 유지할 수 있습니다.

13과 마음을 다스리는 사람

해설
노하기를 더디 하는 것과 자기 마음을 다스리는 것이 얼마나 중요한지 강조합니다. 참된 용기와 강함은 외부의 힘이나 능력이 아닙니다. 마음 속 평안을 유지하고 감정을 조절하는데서 부터 시작됩니다.

잠언 16:32
노하기를 더디하는 자는 용사보다 낫고 자기의 마음을 다스리는 자는 성을 빼앗는 자보다 나으니라

설교개요

1. 노하기를 더디하는 사람

노하기를 더디하는 사람은 즉각적으로 감정을 표현하지 않고, 상황을 차분히 분석할 수 있는 사람입니다. 이런 태도는 분노나 성급한 반응으로 인한 문제를 예방하고, 상황을 더 긍정적으로 해결할 수 있는 능력을 가지게 됩니다.

2. 자기 마음을 다스리는 사람

자기 마음을 잘 다스리는 것은 외부의 성취나 물질적 성공보다 더 큰 가치가 있습니다. 마음을 다스리는 사람은 자신의 감정을 통제하고, 성숙한 인격을 유지하며, 사람들과의 관계에서 평화와 조화를 이루는 능력을 가지고 있습니다.

3. 스스로 훈련하는 사람

마음을 지킨다는 의미는 감정을 억누르는 것만은 아닙니다. 자신의 상태를 이해하고 자기 반성을 통해 마음의 평강을 유지하도록 스스로 훈련합니다. 현재 상황을 극복하는 건설적인 방법을 찾습니다. 이는 일상에서 인내와 자기 훈련에서 시작됩니다.

적용

일상에서 감정적으로 반응하기보다는 차분히 상황을 바라보고 마음을 다스리는 훈련을 자주 실천해야 합니다. 특히 시니어 때에 분노나 감정적인 반응을 통제하는 것은 단순한 자제력이 아닙니다. 마음 속 깊은 신앙의 성숙함을 요구합니다.

모임순서

환영	
찬송	454장 주의 친절한 팔에 560장 주의 발자취를 따름이
건강기도	(참석자들의 건강과 안녕을 기원합니다)
설교	마음을 다스리는 사람 잠언 16:32
축복기도	(교회 상황에 맞추어 주기도, 축도 등으로 바꾸시면 됩니다)
공과활동	1. 인사송 2. 두뇌체조 – 가위바위보송 3. 인지도형동작 – 둥글게둥글게 4. 주제활동 – 싱글벙글 웃어주세요 5. 끝인사

설교문

마음을 다스리는 사람
잠언 16:32

세상에는 권력, 무기 혹은 돈을 많이 가진 사람이 힘이 있고 능력이 많은 사람으로 여겨집니다. 그러나 성경은 노하기를 더디 하는 사람, 자기 마음을 다스리는 사람이 강한 사람이라고 가르칩니다. 외적인 성공과 물질적인 번영보다 중요한 것은 마음의 평안을 지키며 감정을 절제하는 것입니다. 이는 하나님을 의지하며 마음을 다스릴 때 가능합니다.

1. 노하기를 더디하는 사람

노하기를 더디하는 사람은 즉각적으로 분노하거나 성급하게 반응하지 않고 상황을 분석할 수 있는 사람입니다. 급격한 감정 표현은 문제를 악화시키거나 관계를 손상시키는 결과를 초래합니다. 그러나 노하기를 더디하는 사람은 갈등과 어려움 속에서도 차분히 대응합니다. 감정에 휘둘리지 않기 때문에 신중하게 반응할 수 있습니다. 이런 사람은 화를 내기 전에 상대방의 입장을 생각하고 상황을 지혜롭게 풀어나갈 수 있습니다. 노하기를 더디하는 것은 단순한 자제력이 아니라, 성숙한 신앙의 표지입니다.

분을 그치고 노를 버리며 불평하지 말라 오히려 악을 만들 뿐이라 (시편 37:8)

시니어 성도님들은 지난 과거를 돌아보면, 화를 내거나 노하기를 더디 할 때 좋은 결과가 있음을 아실 것입니다. 급격한 반응은 문제를 해결하기보다는 오히려 갈등을 키우는 경우가 많습니다. 하나님께서는 우리가 노하기를 더디 함으로써 그분의 평강을 누리길 원하십니다.

2. 자기 마음을 다스리는 사람

잠언은 자기 마음을 다스리는 사람이 성을 빼앗는 용사보다 더 낫다고 말씀합니다. 이는 감정과 마음을 어떻게 관리하느냐가 외적인 성공보다 더 중요한 것임을 의미합니다. 외부 상황을 통제하는 것보다 자기 마음을 통제하는 것이 더 어렵습니다. 그렇기 때문에 우리는 감정 기복에 휘둘리기 보다는 차분하게 자기 마음의 평온을 유지하는 것이 중요합니다. 그가 진정한 승리자입니다.

마음을 다스린다는 것은 감정을 억누른다는 것이 아닙니다. 자신의 마음 상태를 이해하고 하나님의 말씀에 순종함으로 평안을 유지하는 것입니다. 자기의 마음을 다스리는 과정이야말로 하나님께 자신을 다스리시도록 내어드리는 진짜 믿음입니다. 갈라디아서 5장에서 말하는 성령의 열매 중 가장 어려운 단계가 '절제'입니다.

22 오직 성령의 열매는 사랑과 희락과 화평과 오래 참음과 자비와 양선과 충성과 23 온유와 절제니 이같은 것을 금지할 법이 없느니라 (갈라디아서 5:22-23)

우리 시니어 성도님들은 오랜 시간 동안 많은 어려움과 시련을 이겨냈습니다. 그 모든 과정 속에서도 하나님을 의지하며 마음을 다스릴 때에 마음 속 깊은 평안을 경험했습니다. 마음을 다스리는 것은 내 힘으로 하는 자제가 아니라 하나님을 신뢰하고 의지하기에 따라오는 결과입니다.

3. 스스로 훈련하는 사람

마음을 다스리기 위해서는 일상에서 훈련이 필요합니다. 차분하게 생각하고 다음 행동이나 말을 하는 것입니다. 우리는 감정에 빠르게 반응하게 되어 있습니다. 감정보다 앞서 하나님의 말씀을 묵상하고 기도하며 평안을 유지하는 훈련이 꾸준히 필요합니다. 자신의 마음을 잘 다스리는 사람은 어떤 관계 속에서도 평강을 유지하고, 사람들과의 관계가 부드럽습니다. 우리의 일상 속 작은 말 한 마디와 행동의 결과입니다.

마음 다스리기를 다시 시작합시다. 지난 과거의 일에 분노나 좌절에 빠지기보다는 말씀을 의지하며 인내하고 마음의 평강 주시기를 기도합시다. 이렇게 스스로 훈련하는 사람은 하나님께 자신을 내어드리는 순종의 사람입니다.

적용

평탄한 삶 자체가 흔하지 않습니다. 다양한 상황에 따른 감정이 불쑥 올라옵니다. 시니어 시기에 분노나 성급한 반응을 자제하기 위해서는 신앙의 성숙인 절제가 필요합니다. 하나님 앞에서 마음의 평강을 유지하고 감정을 다스리며 살아가야 하겠습니다.

노하기를 더디 하라는 말씀은 어렵지만 우리 삶에 꼭 필요하며 순종할만한 큰 의미가 있습니다. 감정에 휘둘리지 않고 하나님께 마음을 맡길 때 진정한 평안을 누릴 수 있습니다. 하나님께서 주신 지혜로 사람들과의 관계 속에서 평강을 이루십시오.

기도

하나님, 제게 감정을 잘 다스릴 수 있는 지혜와 인내를 주옵소서. 급한 반응 대신 평온함을 유지하며, 하나님 앞에서 마음을 다스리는 법을 배우게 하옵소서. 믿음이 더욱 성숙해져서, 우리의 삶 속에서 평강의 열매를 맺게 하옵소서. 다른 이들과의 관계 속에서 사랑과 온유를 실천하게 하옵소서. 예수님의 이름으로 기도드립니다. 아멘.

시니어 목회를 위한 팁

시니어 소그룹 모임의 활성화

시니어 중심의 소그룹 모임은 서로의 삶을 공유하고, 지지와 격려를 받을 수 있는 중요한 장입니다. 사회적 지지는 시니어들의 삶의 질과 정신적 건강을 크게 향상시킵니다. 미국 노년학회(Gerontological Society of America)의 연구에 따르면, 소그룹 모임은 시니어들의 사회적 네트워크를 강화하고 고립감을 줄이는 데 효과적이라고 강조합니다.

교회는 시니어들을 위한 소그룹 모임을 활성화하여, 그들이 믿음의 공동체 내에서 더 깊이 연결될 수 있도록 지원해야 합니다. 이러한 소그룹 모임은 시니어들의 소속감을 높이고 신앙생활의 만족도를 증진시키는 데 중요한 역할을 합니다.

14과 가장 큰 사랑

해설
사랑은 성도에게 가장 중요한 가치입니다. 믿음과 소망도 중요하지만, 사랑은 그 모든 것의 기초입니다. 사랑은 하나님과 연결된 가장 든든한 밧줄입니다. 나이가 들수록 사랑은 이웃과의 관계를 더 소중하게 여기게 되어 소통과 이해를 풍성하게 합니다. 사랑은 단순한 감정이 아니라 하나님과 사람 사이에서 항상 실천되어야 할 중심입니다.

고린도전서 13:13
그런즉 믿음, 소망, 사랑, 이 세 가지는 항상 있을 것인데 그 중의 제일은 사랑이라

설교개요

1. 세 가지 가치
바울은 믿음, 소망, 사랑이 항상 있을 것이라고 말합니다. 믿음은 하나님에 대한 신뢰와 관계를, 소망은 미래에 대한 기대를 나타냅니다. 그러나 이 세 가지 중에서도 사랑이 가장 중요하다는 것을 강조합니다.

2. 사랑의 위대함
사랑이 믿음과 소망보다 위대하다는 것은, 사랑이 모든 것을 포용하고 변화시키는 힘을 가지고 있음을 의미합니다. 사랑은 하나님과 이웃 간의 관계를 형성하며, 우리의 삶에 의미와 기쁨을 더해 줍니다.

3. 가장 큰 사랑
진정한 사랑은 단순히 감정적인 표현이 아니라, 실질적인 행동으로 나타나야 합니다. 우리가 일상에서 사랑을 어떻게 실천하느냐에 따라 우리의 믿음과 소망이 더욱 풍성해질 수 있습니다.

적용

인생에서 가장 중요한 것은 사랑을 통해 하나님과의 관계를 깊게 하고, 주변 사람들과의 관계에서 사랑을 실천하는 것입니다. 나이가 들수록 더욱 깊어진 경험과 지혜로 사랑을 실천하며, 삶의 의미를 더욱 풍요롭게 만드는 것이 필요합니다.

모임순서

환영	
찬송	304장 그 크신 하나님의 사랑 299장 하나님 사랑은
건강기도	(참석자들의 건강과 안녕을 기원합니다)
설교	가장 큰 사랑 고린도전서 13:13
축복기도	(교회 상황에 맞추어 주기도, 축도 등으로 바꾸시면 됩니다)
공과활동	1. 인사송 2. 두뇌체조 – 가위바위보송 3. 인지도형동작 – 둥글게둥글게 4. 주제활동 – 사랑 5. 끝인사

설교문

가장 큰 사랑
고린도전서 13:13

인생을 살아가며 소중히 여겨야 할 세 가지 가치가 있습니다. 그것은 바로 믿음, 소망, 그리고 사랑입니다. 이 세 가지는 신앙 생활에 꼭 필요한 것입니다. 하나님과의 관계에서 중요한 자리를 차지합니다. 바울은 세 가지 중에서도 '사랑'이 가장 중요하다고 강조합니다. 사랑이 왜 그렇게 중요한지, 어떻게 우리 삶 속에서 나타나야 하는지 함께 살펴보겠습니다.

1. 세 가지 가치

바울은 믿음, 소망, 사랑이 항상 있을 것이라고 말합니다. 믿음은 우리가 하나님을 신뢰하고 의지하는 관계를 나타냅니다. 믿음을 통해 구원을 얻고, 하나님께 나아갈 수 있습니다. 소망은 미래에 대한 기대를 줍니다. 하나님께서 약속하신 영원한 생명과 천국을 바라보게 합니다. 이렇게 중요한 의미가 있음에도 바울은 사랑을 더 강조합니다.

사랑은 믿음과 소망을 내포하고 있습니다. 믿음이 하나님과의 관계를 견고히 하고, 소망이 미래를 바라보게 한다면, 사랑은 우리의 삶을 변화시키고, 다른 사람과의 관계를 든든히 하는 힘을 줍니다. 사랑 없다면 믿음과 소망도 가치를 모두 잃게 됩니다.

새 계명을 너희에게 주노니 서로 사랑하라 내가 너희를 사랑한 것 같이 너희도 서로 사랑하라 (요한복음 13:34)

2. 사랑의 위대함

사랑이 믿음과 소망보다 더 위대한 이유는 무엇일까요? 그것은 사랑이 모든 것을 포용하고 변화시키는 능력을 가지고 있기 때문입니다. 사랑은 단순한 감정이 아닙니다. 사랑은 희생과 헌신, 그리고 행동을 요구합니다. 우리가 하나님을 사랑할 때 그 사랑은 우리 삶 속에서 나타납니다. 사랑이 이웃을 향해 실천될 때, 우리는 진정한 그리스도인이 됩니다.

바울은 사랑이 없으면 우리의 믿음과 소망도 아무 소용없다고 말합니다. 사랑이 없으면 아무리 큰 믿음을 가지고 있어도, 소망이 절실하다고 해도 그것은 헛된 것입니다. 사랑은 우리 신앙을 완성하는 원동력입니다.

1 내가 사람의 방언과 천사의 말을 할지라도 사랑이 없으면 소리 나는 구리와 울리는 꽹과리가 되고
2 내가 예언하는 능력이 있어 모든 비밀과 모든 지식을 알고 또 산을 옮길 만한 모든 믿음이 있을지라도 사랑이 없으면 내가 아무 것도 아니요

(고린도전서 13:1-2)

3. 가장 큰 사랑

우리의 삶 속에서 사랑을 어떻게 실천할 수 있을까요? 사랑은 말로만 그치는 것이 아니라, 삶 속에서 행동으로 나타나야 합니다. 우리는 하나님을 사랑한다고 말하면서도 이웃에게 사랑을 베풀지 못한다면 그것은 진정한 사랑이 아닙니다. 사랑은 우리가 예수님을 닮아가는 과정에서 나타나는 결과입니다.

우리 시니어들께서는 긴 세월 동안 많은 경험을 쌓아오셨습니다. 수많은 인생사에서 사랑의 깊이를 깨닫고, 그것을 나누는 법도 배웠습니다. 그래서 더욱 풍성한 열매를 맺을 때가 되었습니다. 가족을 아끼고 교회 공동체를 사랑하며 이웃을 섬기는 것입니다. 우리의 삶이 곧 하나님 사랑의 통로입니다.

적용

사랑하는 성도 여러분, 사랑은 우리 신앙의 핵심입니다. 하나님께서 우리를 먼저 사랑하셨고 그 사랑이 이웃에게 전해지기를 원하십니다. 이제 우리가 해야 할 일은 그 사랑을 이 세상에 보여주는 것입니다. 나이가 들수록 사랑은 더 깊고 풍성해질 수 있습니다. 하나님과의 관계에서 사랑을 경험하고, 그 사랑을 이웃들과 나누어야 합니다.

기도

주님의 사랑을 깊이 경험하게 하옵소서. 그 사랑이 우리 삶 속에 나타나게 하옵소서. 우리의 믿음과 소망을 넘어서, 가장 중요한 사랑의 열매를 맺게 하옵소서. 주님의 사랑이 제 삶을 가득 채우고, 그 사랑으로 말미암아 모든 순간이 주님의 영광을 드러내는 도구가 되게 하옵소서. 예수님의 이름으로 기도드립니다. 아멘.

시니어 목회를 위한 팁

지역사회 및 시니어를 위한 심리 지원 및 상담

노년기에 접어들면서 심리적 어려움이 빈번하게 발생합니다. 시니어들의 삶의 질에 매우 부정적인 영향을 미칠 수 있습니다. 전문적인 심리 상담은 시니어들의 정신적 안정과 전반적인 삶의 만족도를 크게 향상시키는 데 효과적입니다. 미국 심리학회(APA)에 따르면, 정기적인 상담은 시니어들의 우울증 감소와 심리적 회복력 강화에 중요한 역할을 한다고 보고합니다.

교회는 시니어들에게 심리 상담 서비스를 제공하여 그들이 심리적 평안을 찾고 정서적 안정을 유지할 수 있도록 도울 필요가 있습니다. 이러한 심리적 지원은 신앙생활에도 긍정적인 영향을 미치며, 시니어들이 영적 성장과 함께 건강한 삶을 이어갈 수 있도록 돕습니다. 교회는 심리적 지지와 영적 돌봄을 통합하여 제공함으로써, 시니어들의 전인적 건강을 유지하는 데 적극적으로 도울 수 있습니다.

15과 가족은 하나님의 선물

해설
가족은 하나님의 놀라운 축복의 선물입니다. 자녀는 하나님께서 주신 기업이며, 태의 열매는 부모의 상급으로 여겨집니다. 가족은 개인의 기쁨을 넘어서서 하나님의 축복과 은혜를 경험하는 중요한 통로입니다.

시편 127:3-5
3 보라 자식들은 여호와의 기업이요 태의 열매는 그의 상급이로다
4 젊은 자의 자식은 장사의 수중의 화살 같으니
5 이것이 그의 화살통에 가득한 자는 복되도다 그들이 성문에서 그들의 원수와 담판할 때에 수치를 당하지 아니하리로다

설교개요

1. 자녀는 여호와의 기업(3)
자녀는 하나님께서 주신 귀한 선물로, 하나님이 주신 기업입니다. 이 말씀은 자녀가 부모에게 주는 기쁨과 책임을 상기시킵니다. 자녀 양육이 하나님의 통치 아래에 이루어져야 함을 의미합니다.

2. 자녀는 용사의 화살(4)
자녀는 부모의 삶에서 중요한 역할을 담당합니다. 부모가 세상을 살아가는 데 있어 큰 힘이 되기도 합니다. 부모가 자녀를 키울 때는 때로는 어렵지만, 인생 후반에서는 기쁨을 주는 존재들입니다.

3. 가족의 역할(5)
자녀가 많은 가정은 복이 있으며, 자녀들은 부모가 어려움에 처했을 때 도움을 줍니다. 가족의 명예를 지키는 역할을 이제 자녀들이 합니다. 성장한 자녀들이 부모에게 안정감과 자긍심을 줍니다.

적용

가족은 하나님께서 주신 소중한 선물이라는 사실을 상기시킵니다. 자녀를 양육할 때 하나님의 뜻을 따르며, 그들의 성장과 발전을 위해 기도하고 지원하는 것이 중요합니다. 또한 자녀가 부모에게 어떤 기쁨과 보람이 되는지 돌아봅니다.

모임순서

환영	
찬송	555장 우리 주님 모신 가정 559장 사철에 봄바람 불어 잇고
건강기도	(참석자들의 건강과 안녕을 기원합니다)
설교	가족은 하나님의 선물 시편 127:3-5
축복기도	(교회 상황에 맞추어 주기도, 축도 등으로 바꾸시면 됩니다)
공과활동	1. 인사송 2. 두뇌체조 - 가위바위보송 3. 신체균형동작 - 퐁당퐁당 4. 주제활동 - 가족관계도 그리기 5. 끝인사

설교문

가족은 하나님의 선물
시편 127:3-5

하나님께서는 우리에게 많은 선물을 주셨습니다. 가장 특별한 선물 중 하나가 가족입니다. 가족은 하나님의 은혜와 축복을 체험하는 중요한 통로입니다. 특히 자녀는 하나님께서 부모에게 주신 특별한 선물 중의 선물이며, 태의 열매는 우리의 상급이라고까지 말씀하셨습니다.

1. 자녀는 여호와의 기업(3)

자녀는 여호와의 기업입니다. '기업'이란 하나님께서 우리에게 주신 소중한 유산을 의미합니다. 자녀는 부모의 소유가 아니라, 하나님께서 맡겨주신 귀한 선물입니다. 우리는 종종 자녀를 자기만의 방식대로 키우려고 했습니다. 잊지 말아야 할 것은 자녀는 내 소유가 아닌 하나님께서 맡기신 보물임을 다시 한 번 기억해야 합니다. 하나님께서 자녀를 맡기실 때 올바르게 양육하고 하나님의 뜻 안에서 성장시키도록 청지기 역할을 부여하셨습니다. 말씀 안에서 자녀를 양육하는 것이 부모의 사명입니다.

자녀는 부모에게 큰 기쁨과 보람을 줍니다. 자녀를 키우는 일은 때로 힘들고 어려울 수 있지만 그 과정에서 하나님의 사랑을 경험합니다. 자녀의 성장과 성공을 지켜보며 하나님의 은혜도 깨닫게 됩니다. 그러므로 부모는 자녀 양육이 육체적, 경제적 책임이라고만 생각할 것이 아니라, 하나님과 함께하는 영적 여정임을 명심해야 합니다.

마땅히 행할 길을 아이에게 가르치라 그리하면 늙어도 그것을 떠나지 아니하리라
(잠언 22:6)

2. 자녀는 용사의 화살(4)

자녀는 '장사(용사)의 수중의 화살'입니다. 이 비유는 자녀가 부모의 삶에 있어 얼마나 중요한 역할을 하는지 말씀합니다. 용사의 화살은 전쟁의 승리와 자신을 보

호하는 아주 특별한 도구입니다. 마찬가지로, 자녀는 부모의 삶에 있어서 큰 힘이 되고, 특히 노년기에 이르러서는 든든한 버팀목이 됩니다.

시니어에게 자녀는 얼마나 큰 축복일까요? 부모가 감당하기 어려운 상황에서 자녀는 큰 지지와 도움을 줍니다. 자녀를 화살에 비유한 것은 부모의 삶을 지키고 보호하는 역할을 자녀가 한다는 뜻입니다. 자녀를 말씀으로 키운다면, 반드시 하나님의 도구로 쓰일 것입니다.

또 아비들아 너희 자녀를 노엽게 하지 말고 오직 주의 교훈과 훈계로 양육하라
(에베소서 6:4)

3. 가족의 역할(5)

자녀가 많은 가정은 다사다난(多事多難) 할 수 있지만 그럼에도 복이 가득합니다. 자녀들은 부모가 어려움에 처했을 때 도움을 주어 부모의 명예를 지켜 줍니다. 가족은 하나님께서 주신 축복으로 서로를 지지하고 보호하며 살아갑니다. 가족과의 유대가 강할 때 시니어의 삶의 후반부는 더욱 평안합니다. 가족의 역할은 혈연을 넘어서는 하나님께서 주신 사명임을 잊지 말아야 합니다.

손자는 노인의 면류관이요 아비는 자식의 영화니라
(잠언 17:6)

적용

가족은 하나님께서 우리에게 주신 소중한 선물입니다. 자녀를 양육할 때 이것을 잊지 말아야 합니다. 하나님의 뜻을 따르며, 그들의 위해 기도하고 지원해야 하는 것입니다. 가족 간의 관계가 소중하기에 서로를 존중하고 배려해야 합니다. 말씀대로 양육하는 것이 부모의 책임이자 특권임을 잊지 맙시다. 시니어 시기에 자녀들에게서 받는 사랑과 지지를 감사하며, 그들을 위해 기도하고 축복하는 것이 우리의 역할입니다.

기도

하나님, 저에게 자녀를 귀한 선물로 주셔서 감사합니다. 제 자녀들이 하나님의 뜻 안에서 성장하며 가정과 사회에 복을 끼치는 인물이 되게 하옵소서. 부모로서 자녀들을 끝까지 올바르게 양육하게 하옵소서. 하나님께서 주신 축복을 잘 지켜나가도록 도와주옵소서. 예수님의 이름으로 기도드립니다. 아멘.

시니어 목회를 위한 팁

세대 간 소통을 위한 대화법

세대 간의 소통은 시니어들에게 새로운 활력을 제공하며, 젊은 세대에게는 지혜를 전수 받을 수 있는 소중한 기회가 됩니다. 세대 간 교류는 사회적 유대감을 강화하고 삶의 만족도를 높이는 데도 크게 기여합니다. 하버드 공중보건 보고서에 따르면, 세대 간 소통은 시니어들의 정신적 만족도를 증진시키고, 젊은 세대와의 관계를 통해 긍정적인 정서적 지원을 받는다고 강조합니다.

교회는 시니어들과 젊은 세대 간의 교류 프로그램을 정착시키어 상호 이해와 존중을 증진시킬 수 있습니다. 이러한 프로그램은 교회 공동체의 단합을 강화하고 세대 간의 조화를 이루는 데 중요한 역할을 합니다. 세대 간 대화법 교육을 통해 서로 이해하고, 다른 시대를 살았음에도 불구하고 원활한 소통을 가능하게 합니다.

16과 우리는 하나

해설

믿음의 공동체는 어떻게 하나가 될 수 있을까요? 바울 사도는 모든 성도가 서로 겸손과 온유로 대하며, 인내와 사랑으로 용납할 것을 권면합니다. 성령께서 하나 되게 하신 공동체는 평안의 띠로 유지됩니다.

에베소서 4:2-3

2 모든 겸손과 온유로 하고 오래 참음으로 사랑 가운데서 서로 용납하고
3 평안의 매는 줄로 성령이 하나 되게 하신 것을 힘써 지키라

설교개요

1. 겸손과 온유(2)

겸손과 온유는 상대방을 향한 성품입니다. 겸손은 다른 사람을 존중하는 마음을 가지는 것이며, 온유는 겸손한 태도로 부드럽고 인내하는 마음입니다. 두 성품을 통해 서로의 차이를 이해하고 받아들일 수 있게 됩니다.

2. 오래 참음과 용납(2)

오래 참는 것은 어려운 상황이나 갈등 속에서도 인내하며 품어주는 마음입니다. 사랑 가운데서의 용납은 서로의 부족함과 약점을 이해하고 감싸주는 것을 의미합니다. 용납으로 인해 공동체가 하나됩니다.

3. 평안의 띠인 성령(3)

성령께서 교회를 하나로 묶는 평안의 띠가 되십니다. 평안은 갈등 속에서도 서로를 존중하며 이해함으로 공동체를 하나 되게 합니다. 성령은 교회를 도우셔서 하나님께 뜻을 맞추고, 공동체는 하나가 되게 합니다. 성도는 이를 힘써 지켜야 합니다.

적용

개인적으로 겸손과 온유를 실천하며, 서로 오래 참고 사랑으로 용납해야 합니다. 공동체 내에서 평안을 유지하고, 성령의 인도하심에 순종하여 하나 됨을 지켜야 합니다. 특히 공동체 내에서 나는 어떤 태도와 말로 상대방을 대했습니까? 따뜻한 사랑과 배려의 말이 가득한 공동체를 함께 만들어 갑시다.

모임순서

환영	
찬송	64장 기뻐하며 경배하세 357장 주 믿는 사람 일어나
건강기도	(참석자들의 건강과 안녕을 기원합니다)
설교	우리는 하나 에베소서 4:2-3
축복기도	(교회 상황에 맞추어 주기도, 축도 등으로 바꾸시면 됩니다)
공과활동	1. 인사송 2. 두뇌체조 - 가위바위보송 3. 신체균형동작 - 퐁당퐁당 4. 주제활동 - 우리는 사랑의 띠로 5. 끝인사

설교문

우리는 하나
에베소서 4:2-3

믿음의 공동체는 어떻게 하나가 될 수 있을까요? 공동체가 하나 되는 것은 결코 쉬운 과정은 아닙니다. 각자 다른 배경과 성격을 가진 사람들의 모임이기 때문입니다. 이를 위해 사람의 힘이 아닌 성령의 도우심이 필요합니다. 바울 사도는 어떻게 하나님의 뜻을 따라 하나 됨을 이루어 나갈 수 있는지 알려줍니다.

1. 겸손과 온유(2)

바울은 가장 먼저 겸손과 온유를 강조합니다. 겸손은 자신을 과대평가하지 않고 다른 사람을 인정하는 태도입니다. 온유는 상대방을 부드럽게 대하면서도 내면의 강인함을 유지합니다. 이 두 가지는 공동체 안에서 갈등을 줄이고 서로를 이해하는 데 큰 도움이 됩니다.

특히 나이가 들수록 우리는 더 겸손해져야 합니다. 살아온 경험이 많다고 해서 모든 것을 안다고 생각하면 안 됩니다. 때로는 다른 사람 특히, 젊은 세대의 의견을 경청하고 배우려는 자세가 필요합니다.

아무 일에든지 다툼이나 허영으로 하지 말고 오직 겸손한 마음으로
각각 자기보다 남을 낫게 여기고   (빌립보서 2:3)

2. 오래 참음과 용납(2)

바울은 서로를 대할 때 오래 참으라고 말합니다. 이는 억지로 참는 것만이 아니라, 상대방의 입장을 이해하려고 노력하는 것입니다. 예를 들어, 그 동안 익숙했던 전통을 따르지 않는 교회 내의 여러 시도들이 있습니다. 시니어들이 이해하지 못하는 영역들도 종종 생깁니다. 이럴 때 즉각적으로 반대하기보다는 그들의 의도를 먼저 들어보고 판단하는 자세가 필요합니다.

용납은 다른 사람의 부족한 점을 덮어주는 것입니다. 우리 모두는 완벽하지 않습

니다. 서로의 약점을 이해하고 받아들일 때, 우리는 진정한 하나 됨을 경험할 수 있습니다.

누가 누구에게 불만이 있거든 서로 용납하여 피차 용서하되
주께서 너희를 용서하신 것 같이 너희도 그리하고 (골로새서 3:13)

3. 평안의 띠인 성령(3)

성령은 우리를 평안의 띠로 묶어 하나되게 하십니다. 그렇다고 어려움이나 갈등이 바로 사라진다는 의미는 아닙니다. 교회 안에는 다양한 생각과 배경을 가진 사람들이 있기에 잦은 의견 충돌이 생길 수 있습니다. 이럴 때 서로를 배려하고 이해하는 마음이 필요합니다.

성령께서는 우리를 도우셔서 닫힌 마음과 눈을 열게 하십니다. 성령은 평안의 띠로 연결시키시어 공감과 배려가 넘치는 공동체로 만드십니다. 우리는 일상 속에서 지속적으로 성령님의 인도하심을 구해야 합니다. 이를 통해 개인과 공동체 모두가 참된 평안과 하나 됨을 지속적으로 지킬 수 있습니다.

그리스도의 평강이 너희 마음을 주장하게 하라 이는 너희가 평강을 위하여
한 몸으로 부르심을 받았음이라 또한 너희는 감사하는 자가 되라 (골로새서 3:15)

적용

교회 공동체 안에서 잦은 갈등을 두려워하지 말고, 오히려 이를 하나 되는 훈련으로 여길 수 있습니다. 매일 아침 거울을 보며 주님이 보여주신 겸손과 사랑을 실천할 수 있을지 생각해 봅시다. 내가 만나는 사람들을 존중하고, 그들과 평안의 띠로 하나 되기를 소망해야 합니다. 그들을 섬길 수 있는 방법을 찾아봅시다.

기도

주님, 우리에게 겸손과 온유의 마음을 주옵소서. 서로를 사랑으로 용납하며, 평안의 띠를 두르고 하나 됨을 이루게 하옵소서. 성령의 인도하심을 따라 서로를 이해하고 존중하며, 하나되는 공동체를 이루게 도와주옵소서. 우리의 사랑을 통해 예수님의 사랑을 증거하는 통로가 되게 하옵소서. 예수님의 이름으로 기도합니다. 아멘.

시니어 목회를 위한 팁

상실과 애도의 과정을 지원하라

노년기에는 상실과 애도의 경험이 자주 찾아오며, 이는 시니어들의 정신적 안정과 삶의 질에 깊은 영향을 미칩니다. 애도 과정에서 적절한 지원을 받는 시니어들은 정서적 회복이 빨라지고, 삶의 만족도도 다시 높아집니다. 미국 심리학회(APA)에 따르면, 추모 예배, 애도 상담, 그리고 지지 그룹은 시니어들이 슬픔을 건강하게 극복하고 평안을 찾는 데 매우 효과적이라고 강조합니다.

교회는 시니어들이 이러한 어려운 시기를 잘 이겨낼 수 있도록 전문적인 심리적 지원과 영적 돌봄을 제공해야 합니다. 이러한 지원은 시니어들이 슬픔을 딛고 새로운 의미를 발견하며 정서적 안정을 유지하는 데 필수적입니다. 교회 공동체는 시니어들이 애도의 과정을 통해 더욱 깊은 신앙과 평안을 찾을 수 있도록 돕는 중요한 역할을 맡고 있습니다.

17과 가족을 지키는 말

해설
성도는 가족 안에서 어떻게 말해야 할까요? 성도는 향기로운 말을 해야 합니다. 더러운 말이나 표현은 특히 조심해야 합니다. 성도는 가족들에게 사랑하는 말과 감사하는 말을 자주 해야 합니다.

에베소서 5:1-4
1 그러므로 사랑을 받는 자녀 같이 너희는 하나님을 본받는 자가 되고
2 그리스도께서 너희를 사랑하신 것 같이 너희도 사랑 가운데서 행하라 그는 우리를 위하여 자신을 버리사 향기로운 제물과 희생제물로 하나님께 드리셨느니라
3 음행과 온갖 더러운 것과 탐욕은 너희 중에서 그 이름조차도 부르지 말라 이는 성도에게 마땅한 바니라
4 누추함과 어리석은 말이나 희롱의 말이 마땅치 아니하니 오히려 감사하는 말을 하라

설교개요
1. 하나님을 본받는 자가 되라(1)
바울은 성도들에게 하나님을 본받는 자녀가 되어야 한다고 권면합니다. 특히 가족들과의 관계에서 하나님이 보여주신 사랑과 용서를 실천해야 합니다. 놀라운 하나님 사랑을 나의 말과 성품을 통해 나타내며 서로 사랑을 표현해야 합니다.

2. 향기로운 말을 하라(2)
그리스도께서는 자신의 사랑을 보이시기 위해 향기로운 제물이 되었습니다. 우리는 그리스도의 사랑을 본받아야 합니다. 성도의 삶은 행동과 말에서도 나타납니다. 가족과 가까운 사람들에게 그리스도의 사랑을 나타내는 것이 향기로운 말입니다.

3. 감사하는 말을 하라(4)

음행과 탐욕, 더러운 말, 희롱 등의 부정적인 언어습관을 버려야 합니다. 도리어 자주 감사하는 말을 하며 정결한 삶을 살아야 합니다. 성도는 어느 곳에서든지 빛과 소금의 역할을 감당하며 하나님의 일하심에 감사해야 합니다.

적용

가족을 지키는 가장 손쉬운 시작은 향기롭고 감사의 말을 하는 것입니다. 일상 속에서 원칙을 지키는 것은 쉽지 않지만, 하나님이 우리와 함께하신다는 믿음을 가지고 꾸준히 실천하는 것이 중요합니다. 말 한 마디, 행동 하나가 가족 관계에 큰 영향을 미칩니다.

모임순서

환영	
찬송	563장 예수 사랑하심을 565장 예수께로 가면
건강기도	(참석자들의 건강과 안녕을 기원합니다)
설교	가족을 지키는 말 에베소서 5:1-4
축복기도	(교회 상황에 맞추어 주기도, 축도 등으로 바꾸시면 됩니다)
공과활동	1. 인사송 2. 관절구축예방체조 3. 인지도형동작 – 바윗돌 깨뜨려 4. 주제활동 – 다섯 글자 예쁜 말 5. 끝인사

설교문

가족을 지키는 말
에베소서 5:1-4

가족은 하나님께서 주신 가장 귀한 선물입니다. 그럼에도 가족 안에서 때로는 갈등과 다툼이 일어납니다. 이럴 때 우리는 어떻게 말해야 할까요? 바울 사도는 향기로운 말과 감사하는 말을 하라고 권면합니다. 말은 가족을 지키고, 가족 간의 사랑을 키우는 중요한 도구입니다. 가족을 지키는 말이 무엇인지 함께 알아보겠습니다.

1. 하나님을 본받는 자가 되라(1)

바울은 성도들에게 하나님을 본받는 자녀가 되어야 한다고 권면합니다. 하나님을 본받는다는 것은 주님의 사랑과 용서를 닮아가는 것입니다. 하나님께서 우리를 사랑하신 것처럼 가족 간에 서로 사랑하고 용서해야 합니다. 특히 시니어 성도님들은 오랜 세월 동안 가족들과 함께하며 겪었던 경험과 기억이 쌓여 있습니다. 다양한 갈등과 오해를 풀지 못한 숙제도 있습니다. 하나님의 사랑으로 이것을 해결하는 지혜가 필요합니다. 과거에 얽매이지 말고 가족에게 따뜻하고 용서하는 말에서부터 사랑이 시작됩니다.

새 계명을 너희에게 주노니 서로 사랑하라
내가 너희를 사랑한 것 같이 너희도 서로 사랑하라 (요한복음 13:34)

2. 향기로운 말을 하라(2)

그리스도께서는 자신을 버리시고 향기로운 제물로 하나님께 드리셨습니다. 우리는 그리스도의 놀라운 사랑을 닮아가야 합니다. 우리의 말 한 마디는 가족 안에서 향기로운 제물처럼 사랑과 은혜의 향기를 풍겨야 합니다. 성도의 말은 가족 구성원들을 격려하고 세워주며 사랑으로 감싸는 말이어야 합니다.

시니어 성도님들은 자녀들과 손주들에게 축복의 말을 아끼지 않아야 합니다. 축복의 말은 가족들에게 용기와 힘을 주며 하나님께서 주시는 평안을 경험하게 합니다. 우리의 입술에서 나오는 말이 좋은 향수처럼 향기를 품어야 합니다.

너희 말은 항상 은혜 가운데서 소금으로 맛을 냄과 같이 하라
그리하면 각 사람에게 마땅히 대답할 것을 알리라 (골로새서 4:6)

3. 감사하는 말을 하라(4)

바울은 음행과 탐욕, 더러운 말, 희롱의 말 등을 버리고 감사하는 말을 하라고 강조합니다. 감사하는 말은 마음을 정결하게 하고, 하나님께서 주신 축복을 인정하는 태도입니다. 가족끼리 있을 때도 불평과 비난보다는 감사의 말을 통해 서로를 세워 주어야 합니다.

시니어 성도님들은 삶의 경험을 통해 하나님의 은혜를 깊이 깨달으셨기에, 더욱 감사의 말을 자주 하실 수 있습니다. 감사의 말은 가족 구성원들에게 긍정적인 영향을 주며, 가정 내에 하나님의 평강이 머물게 합니다. 매일 아침마다 하나님께서 주신 모든 것에 감사하며 가족들에게 그 마음을 나눕시다.

범사에 감사하라 이것이 그리스도 예수 안에서 너희를 향하신 하나님의 뜻이니라
(데살로니가전서 5:18)

적용

가족을 지키는 가장 손쉬운 시작은 향기롭고 감사의 말을 하는 것입니다. 일상에서 부정적인 언어 습관을 버리고, 가족에게 따뜻하고 긍정적인 말을 건넴으로 하나님 사랑을 실천합시다. 시니어 성도들은 가족들에게 축복과 감사의 말을 아끼지 않아야 합니다. 말 한 마디, 한 마디가 가족 간에 큰 영향을 끼친다는 것을 기억하고 하나님이 주신 가정을 아름답게 가꾸어 나갑시다.

기도

주님의 사랑을 본받아 가족과 이웃에게 사랑과 헌신을 실천할 수 있도록 도와주옵소서. 부정적인 말과 행동을 피하고, 항상 감사하는 마음으로 살 수 있게 하옵소서. 우리의 삶을 통해 주님의 사랑이 드러나게 하옵소서. 예수님의 이름으로 기도합니다. 아멘.

시니어 목회를 위한 팁

문화적 감수성 존중

시니어 성도들은 전통적인 가치와 자신들이 지켜온 문화적 배경이 존중받기를 원합니다. 이러한 존중은 그들에게 더 큰 소속감과 정서적 안정감을 제공합니다. 시니어들의 문화적 감수성을 고려한 접근은 그들의 신앙생활에도 긍정적인 영향을 미친다고 미국 노년학회는 강조합니다.

교회는 시니어들의 문화적 배경과 전통을 존중하며, 그에 맞춘 예배 형식과 프로그램을 제공할 필요가 있습니다. 예를 들어, 찬송가 사용, 시니어들이 익숙한 예배 순서, 중요하게 여기는 절기나 행사를 포함한 프로그램 등을 통해 시니어들이 교회에서 편안함과 소속감을 느낄 수 있도록 돕습니다. 시니어들이 자신들이 자라온 문화적 뿌리를 존중받을 때, 교회와의 유대감이 강화되고 신앙생활에 더 깊이 참여하게 됩니다.

18과 서로 사랑하는 가정

해설
하나님 아버지께서 예수님을 사랑하신 것처럼, 예수님께서도 우리를 깊이 사랑하신다는 것을 알려 주십니다. 가정에서도 이 사랑의 원리를 실천하는 것이 필요합니다. 가족은 서로의 연약함을 보듬어주는 사랑의 훈련소입니다.

요한복음 15:9-12
9 아버지께서 나를 사랑하신 것 같이 나도 너희를 사랑하였으니 나의 사랑 안에 거하라
10 내가 아버지의 계명을 지켜 그의 사랑 안에 거하는 것 같이 너희도 내 계명을 지키면 내 사랑 안에 거하리라
11 내가 이것을 너희에게 이름은 내 기쁨이 너희 안에 있어 너희 기쁨을 충만하게 하려 함이라
12 내 계명은 곧 내가 너희를 사랑한 것 같이 너희도 서로 사랑하라 하는 이것이니라

설교개요
1. 예수님의 사랑에 거하라(9)
예수님은 아버지께서 자신을 사랑하신 것처럼, 예수님께서도 우리를 사랑하신다고 말씀하십니다. 우리는 예수님의 사랑 안에 거해야 합니다. 사랑의 시작은 하나님께 있으며, 이 사랑을 받는 자로서 다른 이들과 나누는 것 또한 중요합니다.

2. 계명으로 사랑 안에 거하라(10)
예수님이 아버지의 계명을 지키셨듯이, 우리가 예수님의 계명을 지킴으로써 그의 사랑 안에 거할 수 있습니다. 사랑은 감정만의 결과물이 아니라 행동으로 나타나야 합니다. 계명을 지키는 것은 사랑을 실천하는 방법입니다.

3. 서로 사랑 안에 거하라(12)

예수님의 당부를 기억하십니까? "서로 사랑하라"는 말씀은 제안이 아니라 우리에게 주신 명령입니다. 서로 사랑한다는 것은 쉽지 않습니다. 차이를 인정하고, 이해하려고 노력해야 합니다. 때로는 용서해야 하고, 때로는 도와야 합니다. 이것이 예수님이 우리에게 보여주신 사랑의 방식입니다.

적용

가정에서 예수님의 사랑을 실천하기 위해서는 서로의 마음을 이해하고 존중해야 합니다. 일상에서 사랑의 실천이 필요합니다. 부모와 자녀, 배우자 간의 관계를 사랑으로 채우고, 서로의 부족함을 이해하며 배려하는 것이 가정을 더욱 건강하고 행복하게 만듭니다.

모임순서

환영	
찬송	397장 주 사랑 안에 살면 249장 주 사랑하는 자 다 찬송할 때에
건강기도	(참석자들의 건강과 안녕을 기원합니다)
설교	서로 사랑하는 가정 요한복음 15:9-12
축복기도	(교회 상황에 맞추어 주기도, 축도 등으로 바꾸시면 됩니다)
공과활동	1. 인사송 2. 관절구축예방체조 3. 인지도형동작 – 바윗돌 깨뜨려 4. 주제활동 – 모두 다 꽃이야 5. 끝인사

설교문

서로 사랑하는 가정

요한복음 15:9-12

우리 가정에는 예수님의 사랑이 흘러넘치고 있나요? 가족은 삶에서 가장 가깝고 소중한 관계입니다. 이렇게 소중한 가족 안에서 예수님의 사랑을 실천한다면 어떨까요? 하나님 아버지께서 아들인 예수님을 사랑하신 것처럼 예수님께서 우리를 또한 사랑하신다고 말씀하십니다.

1. 예수님의 사랑에 거하라(9)

하나님 아버지께서는 아들이신 예수님을 사랑하셨습니다. 이와 같이 예수님은 우리를 사랑하신다고 말씀하십니다. 우리가 예수님의 사랑 안에 거한다는 것은 아주 놀라운 은혜 안에서 산다는 말입니다. 사랑의 시작은 오직 하나님께 있으며, 이 사랑을 받는 자이기에 우리도 그 사랑을 가족들과 나눌 수 있습니다.

가정 안에서 하나님의 사랑을 경험하는 좋은 방법은 서로에게 애정 표현을 자주 하는 것입니다. 부모와 자녀 간, 배우자 간에 사랑을 표현하는 일은 가정의 화목을 이루는 중요한 실천입니다.

하나님이 우리를 사랑하시는 사랑을 우리가 알고 믿었노니 하나님은 사랑이시라 사랑 안에 거하는 자는 하나님 안에 거하고 하나님도 그의 안에 거하시느니라

(요한일서 4:16)

2. 계명으로 사랑 안에 거하라(10)

예수님께서는 우리가 예수님의 계명을 지킴으로 그의 사랑 안에 거한다고 말씀하셨습니다. 사랑은 감정이나 느낌만으로 하는 것은 아닙니다. 행동으로 반드시 나타나야 합니다. 서로에게 친절하고, 용서하며, 이해하는 것이 가장 좋은 사랑의 방법입니다. 가정 안에서 사랑의 계명을 지키는 것은 평소에 쓰는 말로도 드러납니다.

시니어 성도님들은 어떻게 사랑을 나타내실 것인가요? 자녀와 손주들에게 자주 사랑한다고 말씀하세요. 또한 하나님 말씀을 지키는 모범을 보이며 예수님의 사랑을 전한다면 진정한 사랑을 가르칠 수 있습니다.

너희가 나를 사랑하면 나의 계명을 지키리라 (요한복음 14:15)

3. 서로 사랑 안에 거하라(12)

예수님께서는 서로 사랑하라고 명령하셨습니다. 이것은 선택사항이 아닌, 반드시 지켜야 하는 명령입니다. 그렇지만 가정에서 서로 사랑하는 것은 말처럼 그리 쉬운 일이 아닙니다. 서로의 견해 차이를 수용하고 심지어 큰 잘못까지 용서해야 합니다.

예수님께서 우리를 먼저 사랑하신 것처럼, 우리도 먼저 사랑을 시작해야 합니다. 우리가 먼저 희생할 때 다른 가족들도 따라옵니다. 사랑은 나부터 시작해야 합니다. 로마서의 말씀처럼 나이를 떠나 서로를 존중하며 존경하기를 내가 먼저 시작해야 합니다.

형제를 사랑하여 서로 우애하고 존경하기를 서로 먼저 하며 (로마서 12:10)

적용

가정에서 예수님의 사랑을 실천하기 위해서는 듣는 자세부터 시작해야 합니다. 주장하기보다 이해하려고 노력해야 합니다. 경청이 사랑입니다. 따뜻한 표현 및 부드러운 대화에서부터 시작됩니다. 부모와 자녀, 배우자 간의 서로의 부족함을 채워주십시오. 이로써 가정을 더욱 건강하고 행복하게 만듭니다.

기도

주님, 저희 가정에 주님의 사랑으로 충만하게 하옵소서. 예수님이 보여주신 사랑을 본받아 서로 이해하고 용서하며 배려하는 가정이 되게 하옵소서. 작은 일상 속에서도 주님의 사랑을 실천하며, 기쁨과 평화를 누리게 하옵소서. 서로의 마음이 가까워지는 데 힘쓰게 하옵소서. 예수님의 이름으로 기도합니다. 아멘.

시니어 목회를 위한 팁

시니어들에게 간증의 기회를 제공해야

시니어들은 오랜 신앙생활을 통해 얻은 지혜와 경험을 나눌 수 있는 귀중한 자원들입니다. 간증은 시니어들의 믿음을 더욱 고양시키고 다른 성도들에게도 긍정적인 영향력을 끼칩니다. 시니어들이 자신의 신앙적 여정과 하나님의 은혜를 회고하는 것은 공동체와 자신에게 큰 도전이 됩니다.

교회는 시니어들에게 간증의 기회를 제공함으로써, 그들이 신앙 공동체 내에서 여전히 중요한 역할을 하고 있음을 느끼도록 도울 수 있습니다. 간증은 다음 세대에게 영적 유산을 전하는 중요한 역할을 합니다. 핵가족과 1인 가구가 많은 현대 사회에서 믿음의 선배들의 간증은 아브라함처럼 다음 세대에게 꾸준히 전수되어, 신앙의 뿌리는 깊어지고 열매는 풍성해 집니다.

19과 하나 되는 교회

해설

초대교회의 모습은 진정한 사랑의 공동체가 어떠해야 하는지를 보여줍니다. 한 곳에 모이는 것만 중요한 것이 아닌 서로의 필요를 채우고 재산을 나누었습니다. 함께 예배하고 식사하며 기쁨으로 교제했습니다. 이러한 사랑과 하나님을 향한 찬양에 예루살렘의 마음이 움직였습니다. 교회는 이로 인해 날마다 성장했습니다. 이것이 하나님이 원하시는 참된 교회의 모습입니다.

사도행전 2:44-47

44 믿는 사람이 다 함께 있어 모든 물건을 서로 통용하고

45 또 재산과 소유를 팔아 각 사람의 필요를 따라 나눠 주며

46 날마다 마음을 같이하여 성전에 모이기를 힘쓰고 집에서 떡을 떼며 기쁨과 순전한 마음으로 음식을 먹고

47 하나님을 찬미하며 또 온 백성에게 칭송을 받으니 주께서 구원 받는 사람을 날마다 더하게 하시니라

설교개요

1. 나눔 공동체(44-45)

초대교회 성도들은 개인의 소유에 집착하기보다 다른 성도들을 위해 자신의 것을 나누었습니다. 이는 공산주의가 말하는 것과 전혀 다릅니다. 그리스도의 사랑으로 인한 자발적 나눔입니다. 각자가 자신의 재능을 통해 다른 사람의 필요를 채웠습니다. 교회 공동체가 서로의 것을 나눔으로 진정한 사랑과 헌신을 실천했습니다.

2. 함께하는 공동체(46)

성도들은 날마다 마음을 같이했습니다. 성전에서 모이기를 힘쓰고 집에서는 떡을 떼며 기쁨과 순전한 마음으로 음식을 나누었습니다. 이는 믿음의 생활이 교회뿐만 아니라 일상 속에서도 함께하며 신앙을 나누는 전인적 공동체였습니다.

3. 예배하는 공동체(47)

그들의 삶은 매우 모범적이었습니다. 뿐만 아니라 하나님을 찬미하는 예배 공동체였습니다. 사랑과 믿음의 공동체로 성장하는 공동체가 되었습니다. 주님께서 구원받는 사람들을 날마다 더하셨습니다. 교회 성장이 궁극적으로 하나님의 역사하심을 보여줍니다. 이는 오늘날 교회의 성장과 전도에도 중요한 모델입니다.

적용

우리 교회 공동체가 초대교회와 같이 하나 되는 모습을 실천하기 위해서는 서로의 필요를 적극적으로 돌아보아야 합니다. 일상 속에서도 기쁨과 순전한 마음으로 함께하며, 서로의 삶을 지지하고 격려하는 것이 중요합니다.

모임순서

환영	
찬송	600장 교회의 참된 터는 210장 시온성과 같은 교회
건강기도	(참석자들의 건강과 안녕을 기원합니다)
설교	하나 되는 교회 사도행전 2:44-47
축복기도	(교회 상황에 맞추어 주기도, 축도 등으로 바꾸시면 됩니다)
공과활동	1. 인사송 2. 관절구축예방체조 3. 신체균형동작 – 반짝반짝 작은 별 4. 주제활동 – 사랑의 바자회 5. 끝인사

설교문

하나 되는 교회

사도행전 2:44-47

진정한 사랑의 공동체가 어떠해야 하는지 초대교회의 모습에서 발견할 수 있습니다. 초대교회 성도들은 한 곳에 모이는 것만을 목표로 하지 않았습니다. 서로의 필요를 채우고 재산을 나누며, 함께 예배하고 식사하며 순수한 기쁨으로 교제했습니다. 이러한 사랑과 하나님을 향한 찬양은 이웃들의 마음을 움직였고, 교회는 날마다 성장했습니다. 이것이 하나님이 원하시는 참된 교회의 모습입니다.

1. 나눔 공동체(44-45)

초대교회 성도들은 개인의 소유권을 크게 주장하지 않았습니다. 다른 성도들을 위해 자신의 것을 나누었습니다. 이는 공산주의적 강요에 의한 나눔이 아니라, 그리스도의 사랑으로 인한 자발적인 나눔이었습니다. 각자가 자신의 재능과 자원으로 다른 사람의 필요를 채우는 데 힘썼습니다.

교회 공동체가 서로의 것을 나눌 때, 진정한 사랑과 헌신이 시작됩니다. 이는 오늘날 우리에게도 마찬가지입니다. 사랑의 도전입니다. 시니어 성도님들은 인생의 경험과 지혜를 통해 후배 성도들의 필요를 채울 수 있습니다. 여전히 중요한 역할을 감당하고 있습니다.

각각 그 마음에 정한 대로 할 것이요 인색함으로나 억지로 하지 말지니
하나님은 즐겨 내는 자를 사랑하시느니라 (고린도후서 9:7)

2. 함께하는 공동체(46)

성도들은 날마다 마음을 같이했습니다. 성전에서 모이기를 힘쓰고, 집에서는 떡을 떼며 기쁨과 순전한 마음으로 음식을 나누었습니다. 이는 신앙생활과 예배가 특정 장소에만 이루어지지 않는다는 것입니다. 일상 속에서도 함께하며 신앙을 나누는 전인적 공동체였습니다.

예배는 주일에만 드리는 것이 아니라, 가정과 일상에서 매일매일 삶의 예배를 드려야합니다. 삶의 예배는 우리의 신앙생활을 더욱 견고하게 합니다. 시니어 성도님들은 자녀들과 손주들에게 신앙의 본을 보이며, 일상에서 하나님과의 교제를 보여주는 신앙 모델입니다.

두세 사람이 내 이름으로 모인 곳에는 나도 그들 중에 있느니라 (마태복음 18:20)

3. 예배하는 공동체(47)

초대교회 성도들은 하나님을 찬미하는 예배 공동체였습니다. 그들의 삶은 매우 모범적이었으며, 사랑과 믿음의 공동체로 점점 자랐습니다. 주님께서 구원받는 사람들을 날마다 더하게 하셨고, 이는 교회 성장의 궁극적인 원인이 하나님의 역사하심에 있음을 보여줍니다.

교회 성장은 사람의 노력만으로 이룰 수 있는 것이 아닙니다. 하나님의 인도하심이 있을 때 가능합니다. 오늘날 우리 교회는 어떤가요? 하나님을 찬양하고 그의 말씀에 순종함으로써, 믿음의 공동체로 성장하고 있나요?

호흡이 있는 자마다 여호와를 찬양할지어다 할렐루야 (시편 150:6)

적용

우리 공동체가 초대교회와 같이 하나 되는 모습을 실천하기 위해서는 다음의 행동이 필요합니다. 서로의 필요를 적극적으로 돌아보고, 나누는 것입니다. 일상 속에서 서로 만나며 기도제목을 나눌 수 있습니다. 기쁨과 순전한 마음으로 함께하며, 지지하고 격려가 필요합니다. 시니어 성도님들은 삶의 지혜와 경험을 이웃과 나누고 가정과 교회에서 하나 됨의 본이 되기를 힘써 주시기 바랍니다.

기도

하나님, 저희 교회가 초대교회처럼 하나 되는 공동체가 되게 하옵소서. 서로의 필요를 채우고, 기쁨과 순전한 마음으로 함께 예배하며 교제할 수 있게 도와주옵소서. 하나님을 찬미하고 온 백성에게 긍정적인 영향을 끼쳐 주님의 사역에 동참하게 하옵소서. 예수님의 이름으로 기도합니다. 아멘.

시니어 목회를 위한 팁

레크리에이션과 휴식의 중요성

레크리에이션과 휴식은 시니어들의 신체적, 정신적 건강을 유지하고 삶의 질을 향상시키는 데 필수적입니다. 규칙적인 레크리에이션 활동은 시니어들의 삶의 만족도와 심리적 안정을 크게 향상시킵니다. 미국심리학회(APA) 등에서는 레크리에이션 활동이 시니어들의 스트레스 감소와 우울증 예방에 효과적이라고 강조합니다. 교회는 시니어들이 신체적, 정신적 휴식을 취할 수 있는 다양한 레크리에이션 프로그램을 개발하여 제공할 수 있습니다. 산책, 여행, 등산, 취미 활동 등은 시니어들이 활력을 유지하고, 사회적 유대감을 강화하는 데 도움이 됩니다. 이러한 프로그램은 시니어들의 신체 활력과 정서적 안정과 만족감을 높이는데 일조합니다.

20과 온전한 사람

해설

교회는 그리스도의 몸으로서 성도들을 온전하게 하여 봉사의 일을 하게 하고 그리스도의 몸을 세우는 것을 목표로 합니다. 이를 위해 성도들의 영적, 정신적, 신체적 건강을 포괄하는 전인적 건강이 중요합니다. 특히 시니어 성도들이 신체 건강을 위한 활동에 참여하고, 이를 통해 봉사와 교제로 확장된다면 그리스도의 사랑을 더욱 충만히 누리게 됩니다.

에베소서 4:12-13

12 이는 성도를 온전하게 하여 봉사의 일을 하게 하며 그리스도의 몸을 세우려 하심이라
13 우리가 다 하나님의 아들을 믿는 것과 아는 일에 하나가 되어 온전한 사람을 이루어 그리스도의 장성한 분량이 충만한 데까지 이르리니

설교개요

1. 그리스도의 몸을 세움(12)

성도는 그리스도의 몸입니다. 그리스도의 몸이 튼튼하려면 무엇이 필요할까요? 봉사가 필요합니다. 시니어들도 봉사에 적극 참여할 수 있습니다. 시니어가 봉사에 활동적이려면 몸과 마음이 건강해야 합니다. 자기 관리와 봉사는 밀접한 관계가 있습니다.

2. 하나 되는 믿음(13)

성도는 아는 것과 믿는 것에 하나가 되어야 합니다. 하나 됨을 통해 온전한 사람을 이루게 됩니다. 건강도 마찬가지입니다. 여러 경로로 건강 소식을 듣지만 이를 실천하지 않는다면 소용이 없습니다.

3. 온전한 사람(13)

믿음은 장성한 분량에까지 자라야 합니다. 그리스도의 몸인 교회도 마찬가지입니

다. 이를 개인에게 적용한다면 건강한 마음과 몸을 위해서 열심히 노력하는 것입니다. 시니어 공동체를 통해 서로를 격려함으로 장성한 분량에까지 자랍니다.

적용
시니어 공동체에서 서로의 건강을 위해서 격려하는 것은 매우 훌륭한 봉사의 시작입니다. 오늘은 국민체조와 같이 몸과 마음을 젊고 건강하게 하는 일에 함께 참여하겠습니다. 때로는 내 마음대로 몸이 움직이지 않더라도 옆에서 도와주고 이끌어준다면 반드시 마음도 더욱 건강해집니다.

모임순서

환영	
찬송	604장 완전한 사랑 309장 목마른 내 영혼
건강기도	(참석자들의 건강과 안녕을 기원합니다)
설교	온전한 사람 에베소서 4:12-13
축복기도	(교회 상황에 맞추어 주기도, 축도 등으로 바꾸시면 됩니다)
공과활동	1. 인사송 2. 관절구축예방체조 3. 신체균형동작 – 반짝반짝 작은 별 4. 주제활동 – 국민체조 5. 끝인사

설교문

온전한 사람
에베소서 4:12-13

그리스도의 몸인 교회가 온전해지는 것 중 하나가 성도들의 건강입니다. 특히 시니어 성도들이 건강 지식만 늘어나고 이를 실천하지 않는다면 어떨까요? 그리스도의 장성한 분량에 이르는 것처럼, 자기 관리를 통해 온전한 사람이 될 수 있는지 함께 살펴보겠습니다.

1. 그리스도의 몸을 세움(12)

성도는 그리스도의 몸입니다. 그리스도의 몸이 튼튼하려면 무엇이 필요할까요? 바로 봉사입니다. 시니어도 봉사를 통해 교회를 세울 수 있습니다. 몸과 마음이 건강해야 봉사도 더욱 효과적입니다.

시니어의 자기 관리는 봉사를 위한 출발점입니다. 시니어 성도들이 자기 관리를 통해 더욱 건강해질 수 있습니다. 건강한 몸으로 봉사에 참여할 때 교회 공동체는 더 온전하게 세워질 수 있습니다.

육체의 연습은 약간의 유익이 있으나 경건은 범사에 유익하니
금생과 내생에 약속이 있느니라   (디모데전서 4:8)

2. 하나 되는 믿음(13)

성도는 믿는 것과 아는 것에 하나가 되어야 합니다. 믿음과 지식의 하나 됨을 통해 더욱 온전한 사람이 됩니다. 건강도 이와 마찬가지입니다. 오늘날 유튜브나 TV를 통해 건강에 대한 다양한 정보를 쉽게 얻습니다. 그러나 이를 실천하지 않으면 건강 소식은 무용지물(無用之物)입니다.

오늘은 자신의 건강을 위해 작은 운동이라도 시작해 보는 것은 어떨까요? 또한 운동을 꾸준히 하기 위해서는 함께하세요. 운동을 함께 한다면 다른 시니어를 격려하며 함께 하는 함으로 꾸준히 운동에 참여할 수 있습니다.

이와 같이 행함이 없는 믿음은 그 자체가 죽은 것이라   (야고보서 2:17)

3. 온전한 사람(13)

믿음은 그리스도의 장성한 분량에까지 자라야 합니다. 교회도 온전하게 자라는데 힘써야 합니다. 개인은 전인적으로 건강한 마음과 몸을 위해서 노력해야 합니다. 시니어 공동체는 서로를 격려함으로 장성한 분량에까지 충만해집니다.

자기 관리에 성공한 시니어는 자신의 건강뿐만 아니라 다른 시니어를 도울 수도 있습니다. 서로의 몸과 마음이 더욱 건강해지도록 격려하며 성장함으로 온전한 공동체를 이룰 수 있습니다. 시니어 부서는 개인뿐만 아니라 함께 건강해지는 것을 추구해야 합니다.

우리는 그의 만드신 바라 그리스도 예수 안에서 선한 일을 위하여 지으심을 받은 자니 이는 하나님이 전에 예비하사 우리로 그 가운데서 행하게 하려 하심이라

(에베소서 2:10)

적용

시니어 부서에서 서로의 건강을 위해 격려하는 것은 훌륭한 봉사의 시작입니다. 오늘은 국민체조와 같은 간단한 운동을 함께 실천해 보겠습니다. 몸이 내 뜻대로 움직이지 않더라도 서로 도와주고 격려한다면 반드시 건강한 마음과 몸을 유지할 수 있습니다. 작은 실천이 큰 변화를 만듭니다.

기도

하나님, 제가 시니어로서 온전함을 이루게 하옵소서. 몸과 마음이 건강해져 봉사에 힘쓰게 하시고, 서로를 돌보며 하나가 되게 하옵소서. 믿음의 공동체로서 그리스도의 장성한 분량에 이르게 하옵소서. 모든 성도가 주님의 뜻을 따라 성숙하게 하시고, 온전한 공동체로 자라가게 하옵소서. 예수님의 이름으로 기도합니다. 아멘.

시니어 목회를 위한 팁

지속적인 신앙 교육의 중요성

시니어들도 초신자처럼 온전한 성도로 성장하기 위한 노력이 여전히 필요합니다. Harvard Divinity School의 연구에 따르면, 꾸준한 신앙 교육은 시니어들의 영적 성장과 삶의 의미를 재발견하는 데 필수적입니다. 지속적인 신앙 교육은 시니어들이 하나님에 대한 이해를 도우며, 믿음의 성숙을 이루는데 효과적입니다.

교회는 시니어들이 그리스도의 장성한 분량에 도달할 수 있도록 체계적인 프로그램을 제공해야 합니다. 이러한 프로그램은 시니어들의 영적 여정을 지속적으로 발전시키고, 공동체 내에서 자신의 역할을 인식하여 꾸준한 참여를 독려합니다. 신앙 교육은 시니어들의 신앙 성숙, 개인의 성취감, 공동체 내의 소속감을 강화하는 데 필수적인 요소입니다.

특별주간

21과 (신년예배) 새 힘 얻으리

해설

하나님을 의지하고 신뢰할 때 우리에게 능력을 주십니다. 주저앉아 울고 싶을 때에 하나님을 보십시오. 하나님을 의지하면 독수리가 하늘로 날아오르듯 우리의 지친 몸과 마음도 새 힘으로 날아오를 수 있습니다. 어떤 어려움 속에서도 지치지 않고 나아갈 수 있음을 약속하십니다.

이사야 40:31

오직 여호와를 앙망하는 자는 새 힘을 얻으리니 독수리가 날개치며 올라감 같을 것이요 달음박질하여도 곤비하지 아니하겠고 걸어가도 피곤하지 아니하리로다

설교개요

1. 하나님을 앙망하는 자

하나님을 믿고 신뢰하는 자들은 세상의 걱정과 두려움에 얽매이지 않습니다. 왜냐하면 하나님께서 힘주시고 새롭게 하시기 때문입니다. 그 힘으로 인해 지치지 않고 오히려 더 큰 용기로 도전합니다. 믿음으로 바라볼 때 하나님께서 크신 능력으로 우리에게 힘을 주십니다.

2. 하늘로 오르는 힘

독수리가 날개를 치며 하늘로 올라가는 모습은, 우리가 하나님의 도우심으로 새 힘을 얻고 회복되는 것을 의미합니다. 독수리가 높은 곳으로 힘차게 날아오르듯, 우리도 하나님의 은혜로 고난과 환란을 극복합니다. 새 힘으로 더욱 높은 곳으로 올라갈 수 있습니다.

3. 지치지 않는 믿음

하나님을 앙망하는 자는 달음박질하여도 곤비하지 않고, 걸어가도 피곤하지 않습니다. 이는 우리의 삶에서 하나님의 인도하심을 받기 때문입니다. 우리는 푯대를 향해 나아가는 삶으로 지치지 않고 끝까지 믿음의 길을 갈 수 있습니다.

적용

최근에 겪은 어려움은 무엇인가요? 우리의 삶에 어려움이 찾아올 때, 하나님을 의지해야 합니다. 하나님이 주시는 새 힘으로 어려움을 극복한 것을 함께 나누어 봅시다. 하나님의 능력으로 지치지 않고, 피곤하지 않게 믿음의 여정을 걸어가기를 서로 다짐합시다.

모임순서

환영	
찬송	377장 예수 따라가며 354장 주를 앙모하는 자
건강기도	(참석자들의 건강과 안녕을 기원합니다)
설교	새 힘 얻으리 이사야 40:31
축복기도	(교회 상황에 맞추어 주기도, 축도 등으로 바꾸시면 됩니다)
공과활동	1. 인사송 2. 코어체조 - 바른자세송 3. 인지도형동작 - 설날 4. 주제활동 - 떡국 만들기/신년기도회 5. 끝인사

설교문

새 힘 얻으리
이사야 40:31

하나님을 의지하고 신뢰할 때 능력을 주십니다. 지치고 힘들 때 하나님을 의지하면 독수리가 하늘로 날아오르듯 우리 역시 새 힘으로 날아오를 수 있습니다. 우리 모두는 삶에서 종종 어려움을 만납니다. 이러한 어려움을 이길 수 있는 힘이 있습니다. 계속해서 도전할 수 있는 믿음은 무엇일까요?

1. 하나님을 앙망하는 자

하나님을 믿고 신뢰하는 자들은 세상의 걱정과 두려움에 얽매이지 않습니다. 하나님이 새로운 힘과 용기와 희망을 주시기 때문입니다. 하나님을 앙망하는 자는 다른 무엇보다도 하나님의 약속을 붙잡습니다. 하나님을 의지할 때 세상의 어떤 어려움도 두렵지 않고 이길 수 있습니다. 하나님을 향한 믿음은 우리에게 힘과 능력입니다.

시니어 여러분, 하나님을 기다리는 것은 시간을 흘려보내는 것만이 아닙니다. 이는 적극적으로 하나님을 의지하고, 그 분의 계획을 신뢰한다는 믿음입니다. 어려움 속에서도 하나님께서 우리에게 새 힘을 주신다는 약속을 꼭 기억해야 합니다.

너는 여호와를 기다릴지어다 강하고 담대하며 여호와를 기다릴지어다 (시편 27:14)

* 앙망(仰望) 존경하는 마음으로 우러러 봄

2. 하늘로 오르는 힘

독수리가 날개 치며 하늘로 올라가는 모습은 로켓이 하늘을 향해 올라가는 것처럼 보입니다. 하나님이 우리를 도우실 때 놀라운 힘을 주십니다. 독수리는 고난을 피하는 것이 아니라 극복합니다. 우리도 하나님의 은혜로 삶의 어려움을 극복할 수 있습니다. 하나님의 은혜는 우리를 더욱 강하게 하며, 어려운 순간에도 굴복하지 않고 계속해서 나아갈 수 있게 합니다.

하나님께서 이스라엘 백성을 독수리 날개로 인도하셨듯이, 우리에게도 동일한 은혜를 베푸십니다. 시니어 여러분, 우리의 삶에 고난이 찾아올 때, 그것을 두려워 피하기보다는 적극적으로 하나님께 피해야 합니다. 하나님의 도움을 의지하여 문제를 극복하는 것이 필요합니다. 하나님께서 우리를 높이 들어 올리실 것입니다.

내가 애굽 사람에게 어떻게 행하였음과 내가 어떻게 독수리 날개로 너희를 인도하여 내게로 가져왔음을 너희가 보았느니라 (출애굽기 19:4)

3. 지치지 않는 믿음

하나님을 앙망하는 자는 달음박질하여도 곤비하지 않고, 걸어가도 피곤하지 않습니다. 하나님의 인도하심을 받을 때 우리의 마음과 영혼이 결코 지치지 않습니다. 끝까지 믿음의 길을 갈 수 있습니다. 신앙생활은 마라톤과 비슷합니다. 하나님께서 주시는 힘을 통해 끝까지 달려갈 수 있습니다. 때로는 빠르게 달리고, 천천히 걸어가야 할 때도 있습니다. 중요한 것은 하나님께서 우리를 떠나지 않으시고 버리지 않으시고 끝까지 인도하신다는 것입니다.

돈을 사랑하지 말고 있는 바를 족한 줄로 알라 그가 친히 말씀하시기를 내가 결코 너희를 버리지 아니하고 너희를 떠나지 아니하리라 하셨느니라 (히브리서 13:5)

적용

최근에 겪은 어려움이 있으신가요? 삶에 어려움이 찾아올 때 방황하지 말고 눈을 들어 하나님을 바라보아야 합니다. 하나님께서는 자기를 찾는 자들에게 응답하십니다. 새 힘을 주십니다. 매일 아침 우리에게 '새 힘' 주시기를 기대하며 기도합시다. 주 앞에 어려움을 내려놓고 인도하심을 구합시다. 특히 신년기도회를 통해 각자의 어려움을 나누고 함께 기도하며 서로를 격려하는 시간을 가집시다. 하나님께서 우리 기도를 반드시 들으시고 응답해주십니다.

기도

주님, 제가 어려움에 깊이 빠지지 않고 주님을 의지하게 하옵소서. 주님의 힘으로 새롭게 되며 지치지 않고 끝까지 믿음의 길을 걸어가게 하옵소서. 모든 시니어가 주님의 은혜로 서로를 격려하며, 믿음의 공동체로서 하나 되어 성장하게 하옵소서. 제 마음과 영혼이 지칠 때 회복시켜 주시고 발걸음을 인도하여 주옵소서. 예수님의 이름으로 기도합니다. 아멘.

시니어 목회를 위한 팁

시니어 상담의 기본 원칙

상담은 시니어들의 심리적, 정서적 안정을 유지하는 데 중요한 역할을 합니다. 시니어들이 겪는 신체적, 사회적 변화에 민감하게 반응하여 맞춤형 지원을 제공하는 접근이 필요합니다. 상담의 기본 원칙은 공감과 존중을 바탕으로, 시니어들이 자신의 감정과 경험을 안심하며 표현할 수 있는 환경을 제공합니다.

상담자는 시니어들의 삶의 경험과 문화적 배경을 깊이 이해하고 존중해야 합니다. 이를 통해 신뢰를 형성합니다. 하버드 노년학 연구소의 발표는, 노인 상담에서 신뢰 관계 구축이 상담의 성공 여부를 결정짓는 중요한 요소라고 강조합니다. 상담자는 시니어들이 자아 존중감을 회복하고, 자신의 문제를 해결할 수 있도록 지지하는 역할을 해야 합니다. 실질적인 문제 해결과 심리적 안정을 목표로 하는 상담 접근법이 효과적입니다.

22과 (나라사랑 삼일절) 죽으면 죽으리라

해설
에스더는 자신의 동족인 유대인의 생명을 구하기 위해 목숨을 걸기로 결심하고 왕에게로 나아갑니다. 그녀의 용기와 신앙은 "죽으면 죽으리라"는 고백으로 확연하게 나타납니다.

에스더 4:16
당신은 가서 수산에 있는 유다인을 다 모으고 나를 위하여 금식하되 밤낮 삼 일을 먹지도 말고 마시지도 마소서 나도 나의 시녀와 더불어 이렇게 금식한 후에 규례를 어기고 왕에게 나아가리니 죽으면 죽으리이다 하니라

설교개요
1. 위기 속에서 결단한 에스더

유대인들은 멸절의 위기를 직면했습니다. 급박한 상황을 모르드개가 내시 하닥을 통해 에스더에게 설명했습니다. 에스더는 자신의 목숨을 걸고 왕에게 나아가기로 결단을 내립니다. 그녀의 선택은 죽음을 불사하며 자신을 희생하는 용기 있는 행동이었습니다.

2. 함께 기도하는 에스더

에스더는 자기의 힘으로 무모하게 도전하지 않았습니다. 왕에게 나아가기 전 3일간 금식으로 준비합니다. 모든 유대인들과 함께 공동체의 기도를 요청하며 힘을 모았습니다. 이를 통해 에스더뿐만 아니라 온 유대인이 마음을 모아 하나님께 기도했습니다.

3. 믿음의 사람을 찾으시는 하나님

에스더가 왕후가 된 것은 우연이 아닌 하나님의 섭리였음이 여실히 드러납니다. 위기 상황을 통해 하나님의 놀라운 계획이 펼쳐졌습니다. 하나님은 자신의 일에 믿

음의 사람, 그 한 사람을 찾으십니다. 모세를 부르시고 에스더를 통해 일하신 하나님을 찬양합니다.

적용

민족과 나라를 먼저 생각한 에스더처럼 중요한 결정을 내릴 수 있어야 합니다. 하나님의 선하신 뜻을 위해 믿음의 결단과 우리의 안위를 내려놓는 용기가 필요합니다. 하나님께 순종하는 우리나라가 되기 위해서 나는 무엇을 해야 할까요?

모임순서

환영	
찬송	358장 주의 진리 위해 십자가 군기 338장 내 주를 가까이 하게 함은
건강기도	(참석자들의 건강과 안녕을 기원합니다)
설교	죽으면 죽으리라 에스더 4:16
축복기도	(교회 상황에 맞추어 주기도, 축도 등으로 바꾸시면 됩니다)
공과활동	1. 인사송 2. 코어체조 - 바른자세송 3. 인지도형동작 - 유관순 노래 4. 주제활동 - 태극기 흔들기 5. 끝인사

설교문

죽으면 죽으리라
에스더 4:16

두 명의 용감한 여성이 있습니다. 두 여성은 시대와 문화는 달랐지만, 자신의 민족을 위해 목숨을 걸고 싸웠다는 점에서 놀랍도록 닮아있습니다. 한 명은 에스더 왕후이고, 다른 한 명은 우리나라의 유관순 열사입니다. 그들의 "죽으면 죽으리라"는 정신은 오늘날 우리들에게도 큰 믿음의 도전이 됩니다.

1. 위기 속에서 결단한 에스더

에스더는 유대 민족이 멸망의 위기에 처했을 때, 자신의 목숨을 걸고 왕에게 나아가기로 결단했습니다. 이는 무모한 도전이 아니라, 민족을 위한 자기희생적 결단이었습니다. 그녀는 자신보다 하나님의 뜻과 민족의 생존을 선택하였습니다. 에스더는 평범한 왕후가 아니라 하나님께서 유대인을 구원하시기 위해 세우신 도구임을 깨닫고 결단했습니다.

우리나라의 유관순 열사도 마찬가지입니다. 일제 강점기의 억압 속에서 민족을 위해 일어나 목숨을 걸고 싸웠습니다. 그녀는 "나라와 함께 죽겠다"는 결단으로 독립운동에 참여했습니다. 우리는 하나님 나라와 우리 조국을 위해 어떤 결단을 해야 할까요? 두 여성의 믿음과 희생처럼 믿음의 결단이 필요할 때가 있습니다.

사람이 친구를 위하여 자기 목숨을 버리면
이보다 더 큰 사랑이 없나니 (요한복음 15:13)

2. 함께 기도하는 에스더

에스더는 무모하게 왕에게 나아가는 도전을 하지 않았습니다. 그녀는 유대인들에게 3일간 금식하며 함께 기도해줄 것을 요청했습니다. 온 유대 민족이 함께 기도로 준비했습니다. 에스더는 자신의 힘만을 의지하지 않고 하나님의 도우심을 구하며 공동체의 기도를 이끌었습니다. 신앙은 개인의 결단뿐만 아니라 공동체의 협력과 기도가 필요합니다. 유관순 열사도 혼자가 아니었습니다. 많은 동지들과 함께 독립운동을 펼쳤으며, 옥중에서도 독립 만세를 외쳤습니다.

믿음의 공동체는 혼자 싸우는 것이 아니라 함께 행동하고 함께 기도합니다. 사랑하는 시니어 성도 여러분, 우리도 인생의 싸움에서 혼자 싸우지 않습니다. 시니어 공동체가 하나님을 향해 함께 기도할 때 큰 도우심을 경험하게 됩니다.

두세 사람이 내 이름으로 모인 곳에는 나도 그들 중에 있느니라 (마태복음 18:20)

3. 믿음의 사람을 찾으시는 하나님

에스더가 왕후가 된 것은 절대로 우연이 아닙니다. 유대 민족을 구원하시기 위해 하나님은 그녀를 그 자리에 앉히셨습니다. 하나님께서는 자신의 뜻을 이루기 위해 언제나 믿음의 사람을 찾으십니다. 모세를 부르시고, 다윗을 왕으로 세우시며, 에스더를 통해 민족을 구원하셨습니다. 오늘도 하나님은 믿음의 한 사람을 여전히 찾고 계십니다.

유관순 열사도 하나님의 섭리 안에 있었습니다. 그녀의 희생과 헌신은 대한민국 독립의 씨앗이 되었습니다. 사람들에게 희망을 주었습니다. 하나님께서는 우리 각자의 삶 속에서도 믿음의 결단을 통해 큰 일을 이루십니다. 우리는 그렇게 하나님의 영광을 드러내는 도구가 됩니다.

그러나 내가 이스라엘 가운데에 칠천 명을 남기리니 다 바알에게 무릎을 꿇지 아니하고 다 바알에게 입맞추지 아니한 자니라 (열왕기상 19:18)

적용

우리는 어려운 결정을 내릴 때 에스더처럼 하나님의 뜻을 구하며 그분의 도우심을 의지해야 합니다. 나라와 민족을 위해 기도하고, 우리의 신앙을 위해 목숨을 걸 수 있는 결단이 필요합니다. 시니어로서 우리 신앙이 다음 세대에게도 전달 될 수 있도록 믿음의 도전을 매일 해야 합니다.

기도

하나님, 에스더처럼 믿음과 용기를 주옵소서. 주의 선하신 뜻을 위해 삶을 드릴 수 있는 결단을 내리게 하옵소서. 하나님 나라와 우리나라를 위해 기쁨으로 헌신할 수 있도록 도와주옵소서. 예수님의 이름으로 기도드립니다. 아멘.

시니어 목회를 위한 팁

시니어들의 공동체 식사와 교제의 중요성

공동체 식사와 교제는 시니어들이 서로를 더 깊이 이해하고 신앙 안에서 유대감을 강화하는 중요한 기회를 제공합니다. 공동체 식사는 고립되기 쉬운 시니어들의 사회적 관계를 꾸준히 증진시킵니다. 영국 노년학 연구소의 보고에 따르면, 공동체 식사는 시니어들의 삶의 만족도를 높이고, 사회적 고립을 예방하며 정서적 안정까지 제공한다고 발표했습니다.

교회는 시니어들을 위해 정기적인 공동체 식사나 다과 시간을 마련할 수 있습니다. 이러한 시간을 통해 시니어들이 활발하게 사회적 관계를 유지할 수 있도록 지원합니다. 이를 통해 시니어들이 교회 내에서 소속감을 느끼고, 신앙과 삶을 나누는 공동체의 일원임을 인식하도록 돕습니다.

23과 (어버이주일) 부모님을 사랑하라

해설
믿음의 가정에서 부모와 자녀는 서로 어떻게 대해야 할까요? 하나님은 자녀들이 부모에게 순종하고 공경하는 것이 옳다고 말씀하시며, 이것이 약속이 있는 첫 계명이라고 강조하십니다. 동시에 부모의 사랑과 희생을 기억하며 공경하고 사랑하는 것이 자녀의 의무임도 알려주십니다.

에베소서 6:1-4
1 자녀들아 주 안에서 너희 부모에게 순종하라 이것이 옳으니라
2 네 아버지와 어머니를 공경하라 이것은 약속이 있는 첫 계명이니
3 이로써 네가 잘되고 땅에서 장수하리라
4 또 아비들아 너희 자녀를 노엽게 하지 말고 오직 주의 교훈과 훈계로 양육하라

설교개요
1. 순종은 하나님의 뜻(1)
성경은 자녀들이 부모에게 순종하고 공경하는 것이 하나님의 뜻이라고 가르칩니다. 이는 일반적인 예(禮)나 효(孝)가 아니라, 하나님께서 주신 명령이자 축복의 길입니다. 부모님을 공경하는 것은 하나님 사랑과 이웃 사랑의 매듭입니다.

2. 약속이 있는 첫 계명(2)
"네 아버지와 어머니를 공경하라"는 약속 있는 첫 계명입니다. 부모 공경은 우리뿐만 아니라 자녀들도 잘되게 하며 땅에서 장수하는 축복을 받습니다. 세속적인 번영만이 아니라, 하나님께서 주시는 영적인 축복을 포함한 놀라운 약속입니다.

3. 성경적 자녀양육(3)
부모도 자녀를 노엽게 하지 말고, 주의 교훈과 훈계로 양육해야 합니다. 자녀를 사랑으로 양육하며, 그들이 하나님 안에서 바르게 자랄 수 있도록 돕는 것이 부

모의 책임입니다. 이는 부모와 자녀 간의 신뢰와 존중이 믿음 안에서 가능합니다. 참 사랑은 믿음 안에서만 이루어집니다.

적용

어버이주일을 맞이하여, 부모님의 사랑과 희생을 기억하고 감사의 마음을 표현합니다. 멀리 계신 부모님을 찾아뵙거나 편지를 쓸 수 있습니다. 자녀들에게 가정의 좋은 전통과 교훈 그리고 부모님이 어떠한 분이셨는지 함께 나누어 봅시다.

모임순서

환영	
찬송	199장 나의 사랑하는 책 579장 어머니의 넓은 사랑
건강기도	(참석자들의 건강과 안녕을 기원합니다)
설교	부모님을 사랑하라 에베소서 6:1-4
축복기도	(교회 상황에 맞추어 주기도, 축도 등으로 바꾸시면 됩니다)
공과활동	1. 인사송 2. 두뇌체조 – 가위바위보송 3. 신체균형동작 – 고향의 봄 4. 주제활동 – 어버이날 행사/가훈만들기/삼계탕데이 5. 끝인사

설교문

부모님을 사랑하라
에베소서 6:1-4

우리 모두는 이것 아래서 자랐습니다. 무엇일까요? 바로 부모님의 사랑과 희생입니다. 말씀에서도 부모님을 공경하고 순종하라고 명하십니다. 일반적인 예(禮)나 효(孝) 문제가 아니라 신앙과 연결된 부분입니다. 하나님의 명령인 부모 공경과 그로 인해 어떤 축복이 주어지는지 알아보겠습니다.

1. 순종은 하나님의 뜻(1)

성경은 자녀들이 부모님에게 순종하고 공경하는 것이 하나님의 뜻임을 가르칩니다. 이는 유교에서 말하는 효도의 개념이 아닌, 하나님께서 직접 명하신 계명입니다. 부모님을 공경하는 것은 하나님 사랑과 이웃 사랑을 실천하는 중요한 열쇠입니다. 이는 신앙생활에서 가장 기본이라고 할 수 있습니다.

부모님을 공경할 때 우리를 놀랍게 축복하십니다. 부모님에게 순종하는 것은 하나님의 말씀에 대한 신실한 믿음의 행위입니다. 말씀에 대한 순종과 믿음의 실천을 자녀들에게 보여줄 수 있는 좋은 모델입니다. 공경은 외적인 행동뿐만 아니라, 마음과 태도에서 우러나와야 합니다. 순종과 공경의 태도는 우리의 영적 성장과 성숙에도 큰 영향을 미치게 됩니다.

2. 약속이 있는 첫 계명(2)

"네 아버지와 어머니를 공경하라"는 계명은 약속 있는 첫 계명입니다. 부모를 공경함으로 자녀들도 축복을 누리며 장수의 복을 얻습니다. 이는 단지 세속적인 번영만이 아닌, 하나님께서 주시는 영적 축복입니다. 시니어 세대는 이러한 축복의 유산을 자녀들에게 물려줄 수 있습니다.

부모 공경의 태도는 우리의 신앙을 더욱 단단하게 하고, 하나님의 사랑을 다시 한 번 생각하게 합니다. 부모를 공경하는 삶을 통해 우리는 자녀들에게 신앙의 본을 보이게 됩니다. 하나님의 돌보심과 놀라운 축복을 다음 세대로 전수 할 수 있습니다. 그 분의 약속을 믿고 부모를 공경하는 삶이야말로 가장 복 된 길입니다.
네 부모를 공경하라. 그리하면 네가 땅에서 잘 되고 장수하리라 (출애굽기 20:12)

3. 성경적 자녀양육(3)

부모는 자녀를 노엽게 하지 말고, 주의 교훈과 훈계로 양육해야 합니다. 시니어 세대는 성인이 된 자녀들을 여전히 사랑으로 권면할 수 있습니다. 나아가 손주들까지 하나님 안에서 바르게 자라도록 지혜롭게 도울 수 있습니다. 부모와 자녀 간의 깊은 신뢰와 사랑은 믿음 안에서 더욱 굳건히 세워집니다. 참된 사랑은 하나님 안에서 온전히 이루어집니다.

시니어들은 자녀와 손주들에게 하나님을 경외하는 삶의 모범을 보이고 이를 전수해야 하는 중요한 책임이 있습니다. 자녀들이 하나님을 경외하며 살아가도록 인도하는 것이 부모의 중요한 역할입니다. 하나님 안에서 자녀들이 올바르게 성장할 수 있도록 끊임없이 기도하며 지혜롭게 지도해야 합니다. 믿음의 유산은 다음 세대로 이어져야 합니다. 이를 하나님께서 크게 기뻐하십니다. 단단한 믿음의 유산은 가정과 교회 공동체를 더욱 견고하게 만드는 토대가 됩니다.

아비들아 너희 자녀를 노엽게 하지 말고, 주의 교훈과 훈계로 양육하라
(골로새서 3:21)

적용

어버이주일을 맞아 부모님의 사랑과 희생을 기억하며 감사의 마음을 표현합시다. 부모님께 문안, 편지, 전화 등등을 할 수 있습니다. 자녀들에게 부모님의 신앙과 가훈을 나누어 봅시다. 특히 홀로 계신 부모님 외에도 공동체 내 시니어들에게 사랑을 표현하는 믿음의 실천을 합시다.

기도

주님, 부모님을 공경하고 사랑하는 마음을 잃지 않게 하옵소서. 부모님의 사랑을 기억하며 감사하며 살게 하옵소서. 자녀들에게 믿음의 유산을 전하며, 주님 안에서 순종하는 삶을 살게 하옵소서. 부모님께 받은 사랑을 주변의 어르신들에게도 나눌 수 있는 마음을 주옵소서. 모든 시니어들이 하나님 안에서 평안과 기쁨을 누리게 하옵소서. 예수님의 이름으로 기도합니다. 아멘.

시니어 목회를 위한 팁

지역 사회와의 연계의 중요성

교회는 시니어들이 지역 사회와 활발히 연계되도록 지원하는 중요한 역할을 담당할 수 있습니다. 지역 사회와의 연계를 통해 시니어들의 삶의 만족도와 사회적 유대감을 크게 높이는 효과가 있습니다. 지역 사회와의 협력은 시니어들이 필요한 서비스와 지원을 더 쉽게 접근할 수 있게 하며, 사회적 고립을 예방하는 데도 효과적입니다.

교회는 보건소, 문화센터, 복지관, 자원봉사단체 등과 긴밀한 협력 관계를 구축하여 시니어들에게 맞춤형 지원을 제공할 수 있습니다. 건강검진 프로그램, 평생학습 강좌, 자원봉사, 세대 간 멘토링 등을 시니어들에게 연결할 수 있습니다. 연계 활동은 시니어들이 교회 밖에서도 적극적인 사회적 역할을 수행하도록 돕습니다. 전담 코디네이터를 통해 지속적인 관리와 지원을 제공할 수 있습니다. 시니어들이 공동체 의식을 함양하고 지역 사회 내에서 의미 있는 존재로 살아갈 수 있도록 실질적인 도움을 제공합니다.

24과 (나라사랑 현충일) 나라를 위해 기도하자

해설
나라와 지도자들을 위한 기도의 결과는 신앙생활에 영향력이 큽니다. 특히 현충일을 맞이하여, 나라를 위해 헌신한 이들의 희생을 기억합니다. 그들이 지켜낸 평화와 안정이 지속되도록 기도하는 것은 이제 우리의 의무입니다. 나라를 위해 기도할 때, 하나님께서는 우리 기도를 들으시고 평안한 삶을 주십니다.

디모데전서 2:1-2
1 그러므로 내가 첫째로 권하노니 모든 사람을 위하여 간구와 기도와 도고와 감사를 하되
2 임금들과 높은 지위에 있는 모든 사람을 위하여 하라 이는 우리가 모든 경건과 단정함으로 고요하고 평안한 생활을 하려 함이라

설교개요

1. 첫 번째 권면(1)
사도 바울은 모든 사람을 위해 간구와 기도, 도고와 감사를 드릴 것을 권하고 있습니다. 특히 나라와 지도자들을 위해 기도하는 것은 우리가 속한 사회와 국가가 하나님의 뜻 안에서 평안하게 유지되도록 돕는 중요한 역할을 합니다.

2. 지도자를 위해 기도하라(2)
'임금들과 높은 지위'는 오늘 날 위정자(爲政者)와 리더를 위해 기도하라는 말씀입니다. 그들이 하나님의 지혜로 한 나라와 조직과 단체를 잘 이끌어 갈 수 있도록 기도해야 합니다. 하나님께서는 지도자들에게 필요한 지혜와 능력을 주셔서 모든 국민이 경건하고 평안한 생활을 할 수 있게 하십니다.

3. 기도할 때 나라가 평안해진다(2)

모든 사람과 위정자와 리더를 위한 기도는 우리의 신앙에도 큰 영향을 줍니다. 나라와 조직이 평안하고 안정 될 때 우리의 신앙생활도 평안해집니다. 특히 현충일을 맞이하여 나라와 지도자를 위해 기도해야 합니다. 하나님께서 이 땅에 평화와 안정을 주시기를 간구합시다.

적용

현충일을 맞아 나라를 위해 헌신한 이들의 희생을 기억하고, 그들이 지키고자 했던 나라의 평화와 안정을 위해 기도합시다. 현재 지도자들이 하나님의 지혜로 나라를 잘 이끌어 갈 수 있도록 간절히 기도합시다. 이러한 실천은 성도의 중요한 책임입니다.

모임순서

환영	
찬송	580장 삼천리 반도 금수강산 582장 어둔 밤 마음에 잠겨
건강기도	(참석자들의 건강과 안녕을 기원합니다)
설교	나라를 위해 기도하자 디모데전서 2:1-2
축복기도	(교회 상황에 맞추어 주기도, 축도 등으로 바꾸시면 됩니다)
공과활동	1. 인사송 2. 관절구축예방체조 3. 신체균형동작 – 아리랑 4. 주제활동 – 태극기 만들기 5. 끝인사

설교문

나라를 위해 기도하자
디모데전서 2:1-2

나라와 지도자들을 위한 기도는 신앙생활에 영향력이 큽니다. 현충일을 맞이하여 지난 과거에 우리나라를 위해 헌신한 이들의 희생을 생각할 수 있습니다. 누군가의 희생으로 지켜낸 평화와 안정이 앞으로도 지속되도록 기도해야 합니다. 우리의 중요한 의무입니다. 나라를 위해 기도할 때 하나님께서는 우리의 기도를 들으시고 평안한 삶을 주십니다.

1. 첫 번째 권면(1)

사도 바울은 모든 사람을 위해 간구와 기도, 도고와 감사를 드리라고 간곡히 권면합니다. 나라와 지도자들을 위해 기도함으로써 사회의 평안을 유지 할 수 있습니다. 이는 우리에게 주어진 특별한 사명임을 깨달아야 합니다. 기도는 우리의 귀중한 사역입니다. 간절한 기도를 통해 사회와 국가가 하나님의 돌보심 아래 평안하게 유지될 수 있습니다.

현충일을 맞이하여 나라를 위해 헌신한 이들의 숭고한 희생을 기억합시다. 그들의 희생이 오늘날 우리가 누리는 평화의 토대가 되었습니다. 하나님께서 이 나라에 지속적인 평안을 주시도록 간절히 기도합시다. 다음 세대가 하나님의 놀라운 축복과 돌보심 그리고 이름 없는 자들의 희생을 기억하도록 가르쳐야 합니다.

예루살렘의 평안을 구하라 예루살렘을 사랑하는 자는 형통하리로다 (시편 122:6)

* 도고(禱告) 다른 사람을 대신해서 하나님께 간구하고 청원함

2. 지도자를 위해 기도하라(2)

모든 임금들과 높은 지위에 있는 사람들을 위해 기도하라는 권면은 오늘날 위정자들과 리더들을 위해 기도하는 것과 같습니다. 지도자들이 하나님의 지혜로 나라와 조직을 올바르게 이끌 수 있도록 기도하는 것은 우리의 중요한 책임입니다. 우리의 기도가 사회의 평안과 국가의 안정에 엄청난 영향이 있습니다.

하나님께서는 지도자들에게 지혜와 능력을 부어주셔서 국민들이 경건하고 평안한 삶을 살 수 있게 하십니다. 지도자들의 현명한 결정은 신앙생활이 평안할 뿐만 아니라 삶 전체에도 영향이 큽니다.

왕의 마음이 여호와의 손에 있음이 마치 물의 흐름과 같아서
그가 임의로 인도하시느니라 (잠언 21:1)

3. 기도할 때 나라가 평안해진다(2)

국가의 안정은 정치뿐만 아니라 경제, 군사, 외교, 문화를 포함하는 것입니다. 현재 우리나라의 상황은 어떤가요? 우리의 신앙생활이 고요하고 평안해지며, 나라 안팎으로 풍성한 열매가 있도록 기도합시다. 현충일은 나라를 위해 헌신한 분들의 고귀한 희생을 되새기는 날입니다. 현재 우리가 누리는 평화와 번영은 이름 없는 한 사람의 희생이 기초였음을 기억해야 합니다. 보이지 않은 한 사람의 희생을 나부터 따라 합시다.

하나님께서 우리나라에 지속적인 평화와 안정을 허락하시도록 간구합시다. 모든 성도가 한마음 한뜻으로 기도할 때 하나님께서 반드시 응답하실 것입니다. 하나님의 놀라운 평강이 우리나라 곳곳에 충만하게 임하기를 간절히 기도합시다.

너희는 내가 너희를 사로잡아 가게 한 그 성읍의 평안을 구하고 그를 위하여
여호와께 기도하라 이는 그 성읍이 평안함으로 너희도 평안할 것임이라
(예레미야 29:7)

적용

현충일을 맞아 나라를 위해 헌신한 이들의 희생을 기억합시다. 현재 지도자들이 하나님의 지혜로 나라를 잘 이끌어 가도록 간절히 기도합시다. 매일 아침 기도를 통해 우리나라의 평화를 위해 간구할 수 있습니다. 기도는 나이와 상관없이 누구나 할 수 있는 귀한 사역입니다.

기도

주님, 지도자들에게 충만한 지혜를 주옵소서. 우리나라가 더욱 평안하고 안정되며 성장하게 하옵소서. 나라를 위해 헌신한 이들의 희생을 기억하며 그들의 수고

가 헛되지 않게 하옵소서. 또한 다음 세대에게 이 놀라운 풍성함을 전달하는 사명이 우리에게 있음을 잊지 않게 하옵소서. 예수님의 이름으로 기도합니다. 아멘.

시니어 목회를 위한 팁

교회 내 시니어 리더십, 어떻게 존재해야 할까?

시니어들에게 리더십 역할을 부여하는 것은 교회 내에서 중요한 목회적 도전이자 기회입니다. 시니어들은 오랜 신앙생활과 풍부한 삶의 경험을 통해 교회 공동체가 직면한 문제를 해결할 수 있는 통찰력을 가지고 있습니다. 이러한 리더십은 교회가 전통을 지키면서도 새로운 비전을 창출하는 데 큰 도움이 됩니다.

또한 시니어들은 리더십을 발휘할 때 주의해야 합니다. 과거의 반복이나 실패를 피하는 지혜를 제공해야 하며, 미래를 향한 도전과 혁신을 추구해야 합니다. 단순히 과거의 성공 경험에 머무르지 않아야 합니다. 다음 세대를 생각하면서 지속적인 성장과 협력을 이루는 것이 중요합니다.

시니어 리더십은 교회 내에서 존경받고 협력하는 방식으로 소통해야 합니다. 교회가 건강하게 발전하기 위해서 시니어 리더십은 앞으로 선택이 아닌 필수 요소입니다. 교회 공동체를 성장하게 하며, 그리스도의 몸 된 교회를 세워가는 데 든든한 버팀목이 됩니다. 목회자는 시니어 리더십을 통해 교회 내에서 존경받는 문화를 조성하고, 젊은 세대와 함께 교회의 비전을 실현할 수 있도록 지지하고 격려해야 합니다.

25과 (종려주일 및 고난주간) 호산나

해설

종려주일은 예수님께서 예루살렘에 입성하실 때, 사람들이 "호산나"를 외치며 예수님을 환영했던 것을 기억하는 날입니다. 본문은 구원과 형통을 위해 하나님께 간구하고, 주의 이름으로 오는 자를 찬양하며 기쁨의 날을 예언하며 노래합니다.

시편 118:24-26

24 이 날은 여호와께서 정하신 것이라 이 날에 우리가 즐거워하고 기뻐하리로다
25 여호와여 구하옵나니 이제 구원하소서 여호와여 우리가 구하옵나니 이제 형통하게 하소서
26 여호와의 이름으로 오는 자가 복이 있음이여 우리가 여호와의 집에서 너희를 축복하였도다

설교개요

1. 기쁨의 날(24)

구약에서는 메시아이신 예수님께서 어떻게 오실지 수많은 예언이 있었습니다. 그 중에 하나님께서 '이 날'을 주실 것을 예언함으로 찬양하게 하십니다. 이 날은 기쁨의 날이요, 찬양의 날입니다. 이후 종려주일은 그 날의 성취로 예수님께서 우리의 구원자로 오신 것을 기뻐하는 날이 되었습니다. 예수님께서 오심으로 우리에게 영원한 죽음과 사망을 끊으시고 놀라운 영생의 복을 주셨습니다.

2. 호산나(25)

우리가 종려주일에 외치는 '호산나'는 "여호와여 구하옵나니 이제 구원하소서"라는 시편의 히브리어 발음을 신약의 헬라어로 옮긴 것입니다. 예수님이 우리의 구원자로 오셨음을 기뻐하며, 주께 구원을 간구하는 마음을 고백한 것입니다. 예수님의 구원 사역을 감사해야 합니다.

3. 축복(26)

예수님께서 우리에게 오신 것이 얼마나 큰 축복인지 기억해야 합니다. 예루살렘에서 수많은 사람들이 예수님의 입성을 환영하고 그분을 따랐습니다. 이 놀라운 잔치는 오늘 우리에게도 축복이자 감사의 날입니다. 죽음을 이기신 예수님께서 천국에 들어가는 모습을 미리 보여주시는 것 같습니다.

적용

예수님께서 우리의 구원자로 오심을 감사합시다. 이스라엘 백성들처럼 "호산나"를 외치며 찬양합시다. 놀라운 구원의 은혜를 기억하며, 이웃에게 복된 소식을 전합시다.

모임순서

환영	
찬송	복음성가 호산나 141장 호산나 호산나 140장 왕 되신 우리 주께
건강기도	(참석자들의 건강과 안녕을 기원합니다)
설교	호산나 시편 118:24-26
축복기도	(교회 상황에 맞추어 주기도, 축도 등으로 바꾸시면 됩니다)
공과활동	1. 인사송 2. 코어체조 3. 신체균형동작 - 예루살렘 4. 주제활동 - 종려나무가지 만들기 5. 끝인사

설교문

호산나
시편 118:24-26

종려주일은 예수님께서 예루살렘에 입성하실 때, 사람들이 "호산나"를 외치며 예수님을 맞이했던 것을 기념하는 날입니다. 예수님의 입성이 오늘 우리에게 어떤 의미가 있을까요?

1. 기쁨의 날(24)
구약의 선지자들은 예언은 했으나, 메시아이신 예수님이 언제·어떻게 오실지는 정확히 알지 못했습니다. 그럼에도 불구하고 하나님께서는 시편과 다양한 말씀 속에서 약속된 분에 대해서 알려주셨습니다. 그것이 얼마나 귀한 것인지 '이 날'을 정하여 기쁨과 찬양의 날이 될 것임을 알려주셨습니다.
종려주일은 바로 그 예언의 성취입니다. 예수님께서 구원자로 오심으로 우리에게 영원한 죽음에서 생명으로 나아갈 수 있는 길을 열어 주셨습니다. 시니어 여러분, 우리는 이 날을 기억하며 주님께 찬양과 감사를 드려야 합니다.
그 날에 말하기를 이는 우리의 하나님이시라 우리가 그를 기다렸으니
그가 우리를 구원하시리로다 (이사야 25:9)

2. 호산나(25)
"호산나"는 "여호와여 우리를 구원하소서"라는 간절한 기도입니다. 종려주일에 외친 호산나는 우리의 구원자가 되어 주신 예수님을 맞이하며, 구원을 간구하는 외침이었습니다. 호산나는 찬양과 감사와 기도입니다. 우리 함께 외쳐봅시다! "호산나!"
고난주간 동안 우리는 예수님의 구원 사역을 깊이 묵상할 수 있습니다. 고난주간은 슬픔만의 시간은 아닙니다. 감사를 묵상하는 시간입니다.
여호와여 왕을 구원하소서 우리가 부를 때에 응답하소서 (시편 20:9)

3. 축복(26)

하나님께서 예수님을 보내주신 것은 놀라운 축복입니다. 예루살렘에서 수많은 사람들이 종려나무 가지를 들고 예수님을 맞이했던 것처럼, 오늘 우리도 그것을 기억하며 주님을 찬양할 수 있습니다.

예수님께서 예루살렘에 들어가신 것뿐만 아니라 천국에도 승리자로 입성하셨습니다. 죽음을 이기시고 닫힌 천국의 문을 열어 놓으셨습니다. 이제 우리도 그 길을 따라가기를 소망해야 합니다. 우리에게 주어진 구원의 은혜와 축복을 잊지 말고, 감사와 기쁨으로 주님을 찬양합시다.

앞에서 가고 뒤에서 따르는 무리가 소리 높여 이르되 호산나 다윗의 자손이여

(마태복음 21:9)

적용

종려주일을 맞이하여, 예수님께서 우리의 구원자로 오신 것을 기뻐하며 감사합시다. "호산나"를 외치며 주님께서 주시는 구원과 형통을 간구하는 마음으로 한 주를 보냅시다. 아침에 일어날 때 새로운 은혜를 기대하며 기도하고, 가족과 이웃에게 주님의 사랑을 전합시다.

기도

주님, 이 땅에 나를 위해 오셨음을 감사합니다. 죽음을 맞이하셨으나 승리자로 천국에서 입성하신 것을 기억합니다. 이 놀라운 복을 우리도 기억하고 따라가게 하옵소서. 주님의 승리를 기뻐하며 찬양하고 그 사랑을 나누는 자가 되게 하옵소서. 예수님의 이름으로 기도합니다. 아멘.

시니어 목회를 위한 팁

웰 다잉을 가르치는 교회

1. 웰 다잉(Well-Dying)이란 무엇인가?

웰 다잉은 고통 없이 죽음을 맞이하는 것을 넘어, '죽음을 준비하는 과정'에서 존엄성을 유지하고 의미 있는 마지막 순간을 살아가는 것입니다. 웰 다잉은 자신의 삶을 정리하고, 남은 시간을 평화롭고 충만하게 보내며, 죽음에 대해 평온한 마음을 갖고 준비하는 것입니다. 이 과정은 마지막 순간까지 삶의 질을 높이고 자신의 가치와 존엄을 지키는 것을 목표로 합니다.

2. 웰 다잉의 주요 요소들

(1) 영적 준비: 웰 다잉에서 영적인 준비는 신앙을 통해 죽음을 평안히 받아들이고, 영원한 삶에 대한 희망을 품는 과정입니다. 신앙을 가진 이들에게는 이 과정이 매우 중요하며, 두려움 없이 마지막을 준비하고 삶을 마무리할 수 있도록 돕습니다.

(2) 삶의 정리: 웰 다잉은 유언 작성, 재산 정리, 인간관계 정리 등을 포함합니다. 이는 남은 가족들에게 경제적 부담을 줄이고 자신의 뜻을 분명히 전할 수 있도록 하며, 떠나는 사람에게도 마음의 평안을 가져다줍니다.

(3) 가족과의 화해: 죽음을 앞둔 사람에게 있어 가족과의 화해는 중요한 부분입니다. 오랜 갈등이나 오해를 풀고 화목한 관계를 유지하는 것은 자신과 가족 모두에게 큰 위로를 줍니다. 화해를 통해 서로의 마음을 위로하며 남은 시간을 의미 있게 채워갈 수 있습니다.

(4) 의료적 준비: 웰 다잉은 신체적 고통을 줄이고 가능한 한 고통 없이 평화롭게 죽음을 맞이하는 것을 목표로 합니다. 원하는 치료와 돌봄의 수준을 미리 결정하고, 호스피스 케어나 완화 의료를 통해 고통을 관리하는 것도 좋은 방법이 될 수 있습니다.

(5) 남은 시간의 의미 있는 활용: 남은 시간 동안 사랑하는 사람들과 시간을 보내거나 평소에 하고 싶었던 일을 마무리합니다. 이러한 시간은 삶을 가치를 더욱 높이는 시간을 만듭니다.

3. 웰 다잉의 중요성

웰 다잉은 개인과 가족 모두에게 긍정적인 영향을 미칩니다. 죽음을 준비하는 과정에서 사람들은 자신과 가족을 위한 결정을 내리며, 이를 통해 죽음을 평안하고 자연스럽게 받아들입니다. 가족들도 사랑하는 사람의 마지막을 함께 준비하며 깊은 위로와 평안을 얻습니다. 살아온 삶에 대해 새로운 의미를 부여하며 평온한 마지막을 맞이합니다.

4. 한국 사회에서의 웰 다잉

한국에서는 전통적으로 죽음에 대한 논의가 금기시되곤 했습니다. 그러나 최근 웰 다잉에 대한 관심이 높아지며, 존엄하게 죽음을 준비하는 문화가 점차 형성되고 있습니다. 한국의 교회 공동체가 함께 웰 다잉을 준비하는 역할을 할 수 있습니다. 죽음을 두려워하기보다 믿음 안에서 평안하게 맞이합니다. 교회는 신앙의 격려와 상담을 통해 시니어들이 평화로운 마지막을 준비할 수 있도록 돕습니다.

웰 다잉은 죽음을 미리 맞이하는 것이 아니라, 마지막까지 의미 있고 존엄하게 살아살도록 새로운 의미를 부여합니다. 이는 모든 성도에게 중요한 과제입니다. 존엄한 죽음을 준비하는 과정은 남은 시간을 가치 있게 하고, 사랑과 평강 속에서 하나님 나라의 입성을 준비하는 은총의 시간이 됩니다.

26과 (부활주일) 십자가 위의 약속

해설
예수님께서 십자가에 달리셨을 때, 한 편 강도가 간절히 간구했습니다. 그 강도는 예수님께 "당신의 나라에 임하실 때에 나를 기억하소서"라고 고백합니다. 강도의 신앙고백에 예수님께서 "오늘 네가 나와 함께 낙원에 있으리라"고 응답하셨습니다. 이 놀라운 약속은 죄인을 향한 주님의 놀랍고 무한한 사랑입니다.

누가복음 23:42-43
42 이르되 예수여 당신의 나라에 임하실 때에 나를 기억하소서 하니
43 예수께서 이르시되 내가 진실로 네게 이르노니 오늘 네가 나와 함께 낙원에 있으리라 하시니라

설교개요

1. 십자가에서 베푸신 은혜(42)
예수님께서는 십자가 위에서 가장 극심한 고통 중에도, 회개하는 죄인을 놓치지 않으셨습니다. 죽어가는 죄인에게 용서하시는 은혜를 베푸셨습니다. 강도의 마지막 요청에 응답하시며 그를 낙원으로 인도하겠다고 약속하셨습니다. 이는 우리에게도 예수님을 향한 믿음으로 영생의 복을 받을 수 있다는 소망을 줍니다.

2. 바로 응답하시는 은혜(43)
예수님께서는 강도의 요청에 즉각적으로 응답하셨습니다. 예수님께 생명을 구하는 자는 흔들리지 않는 약속이 주어집니다. 예수님께서 우리의 간구에 귀 기울이시고 은혜 베푸시는 분임을 믿어야 합니다.

3. 부활의 소망을 주시는 은혜(43)
예수님께서 십자가에서 주신 약속은 부활의 소망을 가득 담고 있습니다. 예수님의 십자가 희생과 부활을 통해 우리는 영원한 생명을 소유하게 되었습니다. 부활의 능력은 낙원에서 뿐만 아니라 지금부터 누릴 수 있습니다.

적용

부활주일을 맞이하여, 예수님의 십자가 위에서 주신 구원의 약속을 깊이 묵상하고, 그 은혜에 감사합시다. 우리도 예수님께 믿음을 고백하며, 부활의 소망을 품고 살아가는 한 주를 보냅시다. 부활의 기쁨을 이웃에게 나눕시다.

모임순서

환영	
찬송	160장 무덤에 머물러 165장 주님께 영광
건강기도	(참석자들의 건강과 안녕을 기원합니다)
설교	십자가 위의 약속 누가복음 23:42-43
축복기도	(교회 상황에 맞추어 주기도, 축도 등으로 바꾸시면 됩니다)
공과활동	1. 인사송 2. 웃음발성 – 다함께 웃어봐요 3. 인지도형동작 – 무덤에 머물러(후렴) 4. 주제활동 – 부활절 계란 콘테스트 5. 끝인사

설교문

십자가 위의 약속
누가복음 23:42-43

예수님께서 십자가에 달리셨을 때, 한 편 강도가 간절히 간구했습니다. "나를 기억하소서"라는 놀라운 신앙고백입니다. 예수님은 강도의 고백을 놓치지 않으시고 그를 향해 약속 하셨습니다. 천국 약속은 우리를 향한 주님의 무한한 사랑과 은혜입니다.

1. 십자가에서 베푸신 은혜(42)
예수님께서는 십자가에 달리시기까지 엄청난 고통을 받으셨습니다. 극심한 고통 속에서도 회개하는 죄인을 향해 사랑의 은혜를 베푸셨습니다. 강도의 단순한 요청에도 응답하시며, 그를 낙원으로 인도하겠다는 약속이었습니다.
강도를 향한 은혜와 사랑은 또한 우리를 향한 것입니다. 예수님은 자신에게 회개하며 나아오는 자를 막지 않으십니다. 극악한 강도에게도 베푸신 은혜는 오늘 우리들에게도 동일합니다. 예수님을 믿을 때 영생의 복을 받는 소망이 있습니다.

아버지께서 내게 주시는 자는 다 내게로 올 것이요
내게 오는 자를 내가 결코 내쫓지 아니하리라   (요한복음 6:37)

2. 바로 응답하시는 은혜(43)
예수님께서는 강도의 요청에 즉각적으로 응답하셨습니다. 이는 예수님께 생명을 구하는 자에게 주어지는 놀랍고도 빠른 응답입니다. 즉각적인 구원의 은혜입니다. 예수님께서는 우리의 간구를 언제나 들으시고 응답하십니다.
주님의 이름을 부를 때마다 은혜 베푸시는 분임을 기억해야 합니다. 주님 앞에서 두려움 없이 우리의 간구를 드릴 수 있습니다. 우리 주님은 환난에서 건지시는 주(主)이십니다.

의인이 부르짖으매 여호와께서 들으시고
그들의 모든 환난에서 건지셨도다   (시편 34:17)

3. 부활의 소망을 주시는 은혜(43)

십자가에서 주신 약속은 부활의 소망을 담고 있습니다. 예수님은 십자가에 달려 돌아가셨으나 죽음을 이기시고 부활하셨습니다. 예수님의 부활로 우리는 영생을 얻게 됩니다. 죄와 사망의 권세를 끊게 됩니다. 특별히 매 주 일요일은 주일이라고 부릅니다. 이는 예수님의 부활이 일요일, 즉 주일(主日, Lord's Day)이기에 교회가 2천 년 역사 동안 지키고 있습니다.

부활의 날인 주일을 통해 우리는 예수님의 부활을 꾸준히 기억하고 영원한 생명을 주신 것을 찬양합시다. 예수님의 부활은 절망 대신 소망을, 죽음 대신 생명의 확신을 심어줍니다. "우리 예수님, 부활하셨습니다!"

주께서 나의 슬픔이 변하여 내게 춤이 되게 하시며
나의 베옷을 벗기고 기쁨으로 띠 띠우셨나이다 (시편 30:11)

적용

예수님의 부활을 기념하고자 계란을 꾸미거나 나누는 전통이 있습니다. 계란의 껍데기를 깨고 나오는 병아리처럼 죽음을 이긴 모습을 담고 있습니다. 이를 통해 우리도 죽음을 이기신 예수님, 부활의 소망을 주신 예수님을 찬양합시다. 시니어 모임을 통해 죽음과 부활을 함께 나누어보며 승리의 그 날이 다가옴을 기억합시다.

기도

십자가 위에서 주신 구원의 약속을 감사합니다. 부활의 소망을 품고 살아가며, 언제나 주님의 은혜 안에서 기쁨과 평안을 누리게 하옵소서. 시니어 모두가 주님의 은혜로 서로를 격려하며, 부활을 소망하는 공동체가 되게 하옵소서. 영원한 생명의 주님을 찬양합니다. 예수님의 이름으로 기도합니다. 아멘.

시니어 목회를 위한 팁

부활 신앙이 시니어에게 주는 희망과 도전

부활 신앙은 시니어들에게 깊은 영적 위로와 새로운 희망을 제공합니다. 인생의 후반부를 보내는 시니어들은 부활의 메시지에서 영원한 생명과 승리의 소망을 발견할 수 있습니다. 예수 그리스도의 부활은 죽음을 넘어선 승리와 새 생명의 시작을 상징합니다. 시니어들에게 인생의 마지막 순간을 두려움 없이 맞이할 수 있는 용기와 힘을 줍니다. 부활은 죽음이 끝이 아니라 새로운 시작임을 보여주며, 이는 시니어들이 현재의 고통과 아픔을 넘어, 하나님 안에서 영원한 안식을 기대할 수 있도록 돕습니다.

부활 신앙은 시니어들에게 단순한 위로를 넘어서, 삶에 새로운 의미를 부여합니다. 부활의 소망을 통해 시니어들은 자신의 인생을 재조명하고, 하나님과의 깊은 관계 속에서 진정한 평강을 찾습니다. 이 신앙은 시니어들이 삶의 마지막까지도 하나님께서 주신 사명을 완수하려는 의지를 불러일으키며, 교회 공동체와 가족과의 관계를 회복하게 만듭니다.

한국 교회에서 부활 신앙은 시니어들에게 남은 시간을 의미 있고 충만하게 보내도록 도전하며, 그리스도 안에서 새로운 생명을 향한 믿음을 강화시킵니다. 이는 시니어들이 교회와 사회 속에서 여전히 중요한 역할을 감당하며, 다음 세대에게 신앙의 본을 보일 수 있는 귀한 기회로 작용합니다.